中央高校科研业务费项目"创新团队项目"：民族教育现代化（批准号：SWU170912）资助
新时代边境民族教育发展学术研讨会，云南·保山，2018 年

U0505707

边疆民族地区
民族教育发展研究

张学敏 兰正彦 ◎ 主编

中国财经出版传媒集团

经济科学出版社
Economic Science Press

·北 京·

图书在版编目（CIP）数据

边疆民族地区民族教育发展研究/张学敏，兰正彦
主编 . -- 北京：经济科学出版社，2020.12
ISBN 978 - 7 - 5218 - 2188 - 8

Ⅰ.①边…　Ⅱ.①张…②兰…　Ⅲ.①边疆地区 - 民
族地区 - 少数民族教育 - 发展 - 研究 - 中国　Ⅳ.
①G759.2

中国版本图书馆 CIP 数据核字（2020）第 248131 号

责任编辑：孙丽丽　纪小小
责任校对：王肖楠
责任印制：范　艳

边疆民族地区民族教育发展研究

张学敏　兰正彦　主编
经济科学出版社出版、发行　新华书店经销
社址：北京市海淀区阜成路甲 28 号　邮编：100142
总编部电话：010 - 88191217　发行部电话：010 - 88191522
网址：www.esp.com.cn
电子邮箱：esp@ esp.com.cn
天猫网店：经济科学出版社旗舰店
网址：http://jjkxcbs.tmall.com
北京季蜂印刷有限公司印装
710 × 1000　16 开　12.5 印张　250000 字
2020 年 12 月第 1 版　2020 年 12 月第 1 次印刷
ISBN 978 - 7 - 5218 - 2188 - 8　定价：60.00 元
（图书出现印装问题，本社负责调换。电话：010 - 88191545）
（版权所有　侵权必究　打击盗版　举报热线：010 - 88191661
QQ：2242791300　营销中心电话：010 - 88191537
电子邮箱：dbts@ esp.com.cn）

目 录

专题一 边疆民族教育发展问题

专题二　边疆民族教育的历史与文化

专题一
边疆民族教育发展问题

外推内生、多边协同：边疆教育经费投入再探索

——基于云南省的数据分析

张学敏　崔萨础拉*

摘　要：经费保障是边疆教育能否引领边疆繁荣稳定的重要条件，事关兴边富民、稳边固防。然而，我国边疆教育经费投入中存在中央财政能力未得到发挥、社会投入力度不足、边疆财政薄弱、多边不协同等问题。为此，依据协同理论构建中央与地方、政府与社会相结合的外推内生、多边协同投入体制，促进边疆教育高质量发展，助力兴边富民、稳边固防。

关键词：外推内生；多边协同；边疆教育；教育经费投入

　　边疆教育事业的发展状况是国家整体教育水平乃至综合国力的直接体现，不加以重视有损大国形象，不利于稳边固防。由于边疆民族地区大多地理位置特殊、信息闭塞、交通相对落后，教育发展水平相对滞后。而且现有的教育经费投入制度始终未能从根本上解决边疆教育发展问题，究其原因是各教育经费投入主体未能实现协同支持边疆教育。为此，我们对中国毗邻周边国家较多的云南省边疆民族地区进行了调查，着重分析《国家统计年鉴》（2007～2016

---

　　* 张学敏，西南大学西南民族教育与心理研究中心主任、教授、博士生导师。研究方向：民族教育、教育经济、教育管理。崔萨础拉，西南大学西南民族教育与心理研究中心博士研究生。研究方向：民族教育、教育经济。

年）和《国家教育经费统计年鉴》（2007～2016 年）中云南省区的相关数据，对边疆教育投入机制进行再探索。

一、边疆教育的特殊性

在中国边疆安全治理中，边疆教育所发挥的特殊作用是不能被忽视的。边疆教育经常与地理人缘环境、边疆民族文化、稳边固防等因素相互交织，所以边疆教育的发展有着其特殊性。边疆教育水平的提高，也直接关系到国门形象的建设、国家安全及社会的稳定。

（一）地理人缘环境复杂

云南是中华民族与东南亚、南亚地区人民友好交往和贸易往来的重要通道，是祖国西南的门户。一是国境线长。云南省地处中国西南边疆，国境线长4060 千米，其中，中缅段 1997 千米，中老段 710 千米，中越段 1353 千米，占中国陆地边疆线的 1/5，是中国毗邻国家最多的省区之一，已开通 12 个国家一类口岸、8 个二类口岸和近百条边疆通道。① 二是跨境民族密集。云南省25个少数民族中，有 16 个民族是沿着边疆线跨境而居，这些跨境民族与老挝、缅甸、越南等相邻国家具有血缘相似、族源相同、种族同宗、习俗类似、语言文化同源等特点，这种亲缘民族与同源同流同宗同文化关系，造就了边疆教育的特殊性。三是景颇、傈僳、独龙、怒、佤、布朗、基诺、德昂 8 个民族在新中国成立后未经民主改革，直接由原始社会跨越几种社会形态过渡到社会主义社会。总之，云南省跨境少数民族与东南亚、南亚部分国家具有文化同流和民族同宗的特点，这种同流文化和亲缘民族关系，紧密地联系着云南与东南亚、南亚广大地区，地理人缘环境极其复杂。

（二）稳边固防任务繁重

基于 1992～2013 年的全球夜间灯光遥感数据，对中国西南边疆区域与邻

---

① 云南省人民政府. 云南［EB/OL］. 中国政府网，http：//www. gov. cn/test/2013 - 03/28/content_2364754. htm，2020 - 11 - 09.

国相应区域的人类活动及其变化态势进行考察发现，在边疆乡镇尺度（10 公里纵深），我国西南边疆虚空化现象呈持续加剧之势，而在边疆县域尺度（50 公里纵深），我国西南边疆虚空化情况则存在着波动。①"冰冻三尺非一日之寒"，我国在 20 世纪 90 年代末对农村中小学校进行了布局调整，撤销农村原有的大量中小学校，使学生到小部分城镇学校就读。在边疆民族地区，一户人家就是一个边防哨所，一位边民就是一位边防战士。边疆民族地区是国防安全的前沿阵地，是维护祖国统一的"新长城"。所以，新时期必须办好边疆民族地区教育，加强边疆民族地区文化软实力建设，从而为维护祖国的统一奠定坚实而深厚的文化根基。

（三）跨境文化交流频繁

现阶段，在国家全方位开放政策和面向南亚、东南亚辐射中心战略的推动下，云南与周边国家跨境民族文化交流互动的内容和规模日益扩大，交往日趋频繁和活跃，基于族缘和亲缘纽带，涉及教育、婚姻、节日、宗教、政府联谊等多个领域，其中教育方面的交流和互动最为明显。据调研发现，2017 年，云南省共有跨境就读外籍中职、中小学、幼儿园学生 10333 人，相较于 2014 年的 7400 余人，年增长幅度达到 10%②，其中幼儿园学生 1071 人，小学生 7043 人，普通初中学生 1364 人，普通高中学生 172 人，中职学生 683 人，主要分布于德宏州、临沧市、西双版纳州、普洱市等边疆州市。云南省一些地区出现了外籍学生与中国学生数量倒挂的情况，如普洱市西蒙县勐卡镇娜妥坝小学，外籍学生占 2/3，本国学生占 1/3；临沧耿马县、怒江福贡的部分边疆校点的外籍学生甚至达到 90%。③ 近年来，新的边疆教育政策不仅对中国边民产生了很大的吸引力，周边国家也陆续向云南省提出了"办学""教育援助"等要求。自此，云南省变成对外实施文化教育辐射的前沿阵地和桥头堡。

---

① 白利友，谭立力. 基于全球夜间灯光遥感数据的中国西南边疆虚空化考察 [J]. 云南师范大学学报（哲学社会科学版），2017（7）：9 – 15.

② 尤伟琼，张学敏. 云南边疆民族地区周边国家跨境就读外籍学生管理问题研究 [J]. 云南师范大学学报（哲学社会科学版），201（5）：102 – 109.

③ 数据源于 2018 年 1 月云南省的实际调研。

综上所述，云南边疆民族地区作为国家的门户和窗口，其教育事业的发展状况是国家形象、国家整体教育状况乃至综合国力的直接体现。边疆民族地区教育对内担负着提高边疆各民族的素质、缩短边疆与内地的差距的重要使命，从而达到加强民族团结、稳定边疆、巩固国防的目的；对外要树立社会主义国家在教育发展方面的良好形象，以高度文明的姿态展现边疆教育的成果。我国边疆教育在复杂的人缘地理环境、繁重的稳边固边任务、频繁的跨境文化交流中发挥着重要的教育辐射、稳边固边作用，使得边疆教育与其他地方教育相比更具特殊性。从边疆教育的特殊性出发，构建更具针对性的教育经费投入机制有着现实意义。

二、边疆教育经费投入中存在的主要问题

边疆教育发展相对滞后，其根本原因在于边疆教育经费投入机制、投入方式、投入渠道等方面未满足边疆教育的实际需求。现行的边疆教育经费投入制度仍存在教育经费缺口大、经费投入渠道单一、经费增长缓慢等问题。

（一）教育经费缺口较大

一是经费总量不足。云南省为了提升国家软实力，积极主动地融入"一带一路"倡议，接受境外学生到我国边疆县就读。外籍学生到云南跨境就读，基本与本地学生一视同仁，享受各项补助政策，增大了边疆民族地区的财政困难。首先，通过实际调研统计，自 2012 年实施营养改善计划 5 年以来，云南省义务教育阶段共需增加资金投入 6465 万元。其次，校舍建设资金投入需要新增。外籍学生在我国境内学校就读，需增加校舍建设资金投入。按照幼儿园生均 10 平方米、小学生均 12 平方米、初中和高中生均 15 平方米的建设标准，共需要增加校舍面积 128871 平方米，按照每平方米 2000 元的造价，共需增加校舍建设资金 2.58 亿元。最后，教师工资投入需要增加。按照 2016 年的统计结果，云南省共有跨境就读的外籍中小学生 10357 人，按中央编办、教育部、财政部联合印发的《关于统一城乡中小学教职工编制标准的通知》中的高中教职工与学生比为 1∶12.5、初中为 1∶13.5、小学为 1∶19 计算，需增加教职工编制 693 人，按照目前的平均工资水平计算，每年需要增加教师工资投入

4712 万元。①

二是经费缺口较大。调研发现，云南省在义务教育阶段"全面改薄"所需经费与实际拨款之间的缺口仍然较大，云南省普洱市江城县义务教育阶段"全面改薄"所需经费 7789.39 万元，目前财政拨款到位（中央财政、省级财政、县级财政）4376.2 万元，缺口 3205.39 万元；云南省普洱市澜沧县义务教育阶段"全面改薄"所需经费 2435.1 万元，目前财政拨款到位（中央财政、省级财政、县级财政）3701.3 万元，缺口 1027 万元；云南省普洱市西盟佤族自治县义务教育阶段"全面改薄"所需经费 3938.36 万元，目前财政拨款到位（中央财政、省级财政、县级财政）1882.3 万元，缺口 1984.06 万元。②这导致边疆民族地区学校的一些项目很难顺利开展。

（二）社会投入力度不足，经费投入渠道单一

经费来源渠道单一和社会投入力度不足也是当前边疆民族地区教育经费投入中较为突出的问题。③要完善边疆教育经费保障机制，让中央财政处于主体地位的同时，也要鼓励和引导社会力量跟随中央的脚步加大对边疆教育的投入，拓宽边疆教育经费来源渠道。2007～2015 年，云南省边疆教育经费来源中，90% 以上主要依靠县级财政、中央财政的转移支付，民族教育专项基金等教育部门和其他部门的支持，教育经费的来源渠道非常狭窄，构成结构很不合理。云南省社会投入比例增长缓慢，2007 年以来，连续十年的教育经费来源渠道中社会投入所占比例比全国平均水平少 2.41 个百分点（见图 1）。④云南省边疆民族地区因为经济发展水平不高，地方财政收入难以对边疆民族地区教育形成强有力的支撑，而地方企业、基金会等非官方机构和非边疆民族地区企业等社会力量对边疆民族地区教育的投入缺乏。云南省单一的教育经费投入结构不利于边疆民族地区教育多元化投入体制的形成。

---

① ② 数据源于 2018 年 1 月云南省的实际调研。

③ 社会投入指标有社会捐赠、农村捐赠、民办学校捐赠。

④ 数据来源：根据教育部财务司、国家统计局社会科技和文化产业统计司《中国教育经费统计年鉴》（2008～2016 年）相关数据计算得出。

图1　2007～2015年云南省与全国（平均）教育经费各来源渠道中社会投入比例对比情况

（三）边疆财政薄弱，经费增长缓慢

一是云南省在2010年、2011年、2013年、2014年的预算内教育经费增长速度低于经常性财政收入的增长速度，其中2012年增幅最高，达到21.94个百分点；2013年增幅最低，下降11.70个百分点。2007～2015年，平均增长幅度为5.635个百分点，比全国平均增长幅度13.743%少8.108个百分点。云南省经常性财政收入在2011年后逐年减少，这也意味着省级政府可以支配的经费在减少。①

二是2006～2013年云南省普通小学预算内事业费在2006年、2007年、2009年、2010年、2013年增长幅度都小于全国平均水平；云南省普通中学除了2008年、2011年、2012年、2014年、2015年，其他五年的预算内事业费增长速度也小于全国平均水平；云南省普通高中生均预算内事业费在2014年未实现增长，而且除了2014年和2015年，其他八年的增长幅度都小于全国平均水平；云南省中等职业学校生均预算内事业费在2011年和2013年都未能实现增长，而2007年、2008年、2009年、2011年、2014年的中等职业教育生均预算内事业费增长幅度均小于全国平均水平；云南省普通高等学校生均预算内事业费在2009年、2012年、2013年都没有实现增长，而2006年、2009年、2010年、2012年、2013年、2015年的生均预算内事业费增长幅度都小于全国平均水平（见表1）。

---

① 数据由各年度《中国教育年鉴》和教育部、国家统计局、财政部关于各年度全国教育经费执行情况统计资料数据计算而得。

表1　　　　2006～2015年云南省与全国（平均）各级教育生均

预算内事业费支出增长情况对比　　　　单位：%

年份	普通小学		普通中学		普通高中		中等职业学校		普通高等学校	
	云南省	全国平均	云南省	全国平均	云南省	全国平均	云南省	全国平均	云南省	全国平均
2006	19.85	35.86	25.48	40.68	0.75	21.75	34.86	30.96	6.32	18.80
2007	15.49	26.52	31.03	35.25	9.92	23.41	6.77	24.40	52.34	23.39
2008	33.51	22.86	28.38	24.23	34.00	18.48	7.06	10.64	13.20	5.52
2009	18.49	20.84	17.03	21.45	10.72	22.46	10.87	16.98	-0.43	22.60
2010	12.74	23.27	12.03	25.37	19.37	33.08	43.77	28.85	24.38	50.45
2011	34.41	22.67	25.84	23.32	25.68	29.36	-4.84	22.97	113.87	26.82
2012	23.41	·10.93	17.26	12.37	5.07	9.09	36.86	17.13	-43.38	-5.06
2013	0.90	11.39	5.52	11.79	-0.10	7.78	-10.10	6.58	-9.79	0.77
2014	21.47	16.22	23.05	17.76	21.13	19.99	32.36	20.71	27.15	17.29
2015	18.58	7.67	15.92	10.35	25.97	12.89	16.33	11.27	1.50	3.77

注：全国平均值是指各省各级教育生均预算内事业费的平均增长值。

资料来源：根据各年度《中国教育年鉴》和教育部、国家统计局、财政部关于各年度全国教育经费执行情况统计资料数据计算而得。

　　三是云南省义务教育生均预算内公用经费在2007年、2008年、2010年、2011年、2013年、2014年、2016年的增长幅度与全国平均增长幅度相差很大；普通高中的生均预算内公用经费在2007年和2013年未实现增长，而全国平均水平在2006～2015年达到持续增长；中等职业教育生均预算内公用经费在2014年未实现增长；普通高等学校生均预算内公用经费在2007年、2010年、2013年、2014年、2016年都未实现增长（见表2）。

表2　　　　2006～2015年云南省与全国（平均）各级教育生均

预算内公用经费增长情况对比　　　　单位：%

年份	普通小学		普通中学		普通高中		中等职业学校		普通高等学校	
	云南省	全国平均	云南省	全国平均	云南省	全国平均	云南省	全国平均	云南省	全国平均
2006	12.98	58.16	7.76	60.55	-15.31	22.17	57.07	31.93	-5.32	11.48
2007	49.32	53.24	61.90	68.60	39.19	49.22	7.88	41.61	103.50	48.35

续表

年份	普通小学		普通中学		普通高中		中等职业学校		普通高等学校	
	云南省	全国平均	云南省	全国平均	云南省	全国平均	云南省	全国平均	云南省	全国平均
2008	39.27	25.57	55.44	29.38	28.94	24.47	11.97	24.76	27.31	14.02
2009	37.21	30.03	16.78	25.63	17.14	38.32	32.36	45.35	-10.58	42.48
2010	22.00	44.12	25.16	41.79	19.69	58.83	0.29	56.01	27.58	103.79
2011	49.16	32.61	32.63	29.83	75.54	60.75	29.54	42.95	196.25	40.17
2012	14.36	11.52	9.86	11.16	-5.82	7.94	53.07	20.84	-60.33	-11.75
2013	2.56	10.44	2.16	5.73	0.05	2.03	-23.45	10.28	-26.45	-5.74
2014	13.76	11.15	24.46	9.87	8.86	10.20	47.75	19.53	38.79	20.10
2015	12.28	7.12	5.40	6.11	30.35	10.51	11.90	12.58	-15.45	-2.17

资料来源：根据各年度《中国教育年鉴》和教育部、国家统计局、财政部关于各年度全国教育经费执行情况统计资料数据计算而得。

（四）多元主体不协同，投入体制与边疆实际不匹配

边疆教育的特殊性导致经费总量不足、缺口较大，究其原因是"央—地"之间的经费分担比例与边疆实际不匹配。综合表1和表2，2007～2015年云南省教育经费中，中央财政所占比例逐年下降，中央财政主体地位不凸显。国家没有因边疆教育的特殊性而进行科学合理的划分，所有财政重担给了没有实际财政能力的边疆地方政府，中央财政和省级财政以不稳定和具有一定时效性的各种专项资金及转移支付资金作为补充。边疆教育经费投入作为一个非平衡开放的社会系统，由于政策、制度等因素的导向，使得在实践中没能有效地发挥中央与地方、政府与社会、外推内生协同互动作用，导致边疆教育发展困难重重。

综上所述，中央财政能力未能在边疆民族地区教育经费投入中得到发挥、社会投入力度不足、边疆财政薄弱、多元主体不协同等原因，导致该地区教育经费缺口大、经费投入渠道单一、经费增长缓慢、投入体制与边疆实际不匹配等问题。也就是说，在边疆教育经费投入机制中，中央财政和社会力量未能共同发力，边疆内部也未能协作努力，中央财政、社会力量、边疆自身等投入主体更是没有协同为边疆教育进行投入。

三、"多边协同"教育经费投入机制是否可行

改革开放 40 年来，我国经济发展显著、社会企业收入明显增长、国家对边疆民族地区扶持力度不断增强，这对构建外推内生、多边协同边疆民族教育经费投入体制创造了有利条件。

（一）"外推内生"与"多边协同"内涵

本文借助价值规范理论中的"外推内生"模式，首先将社会复合主体认定为"外推"模式，然后在不同主体之间的复合型关系基础上产生"内生"性。对于边疆教育而言，中央政府、社会力量通过对口支援、结对帮扶、政策倾斜等途径在资金上给予支持是最有力的"外推力量"。内生有两层含义：一是通过对本地区经济环保而又生态文明的民族文化和农业生物等资源、技术的开发和利用，促进边疆民族地区经济发展，从而提高地方财政能力；二是通过边疆民族地区地方政府和边疆本地区企业、基金会、生产单位等社会力量形成合力。

德国物理学家哈肯（H. Haken）创立的"协同学"（Synergetics）意为"协调合作之学"。哈肯在创立该学科之初就指出，协同就是系统中诸多子系统相互协调的、合作的或同步联合作用的集体行为。系统由无序状态演化到有序状态的内在动力是子系统及其内部要素之间的协同作用。从学理上看，边疆教育经费投入机制与协同现象有很多相同点。边疆教育经费投入过程的动态性、复杂性、目的性和行为的协调性与不同阶段的衔接，跟"协同学"要求的多样性的统一、差异的整合、不同部分的耦合、不同行为的协调、总体布局特点不谋而合。

外推内生、多边协同投入是一种"中央政府与非边疆民族地区社会力量、边疆地方政府与地方社会力量、外推力量与内生发展"互相配合、相互协同投入边疆教育的新型教育经费投入方式。这种方式使社会各主体都参与边疆教育投入，全力支持与扶持边疆教育的高质量、高形态发展。

（二）国家经济发展成效显著，政府财政收入增速明显

按不变价计算，2018 年国内生产总值比 1952 年增长 175 倍，年均增长

8.1%；其中，1979～2018年年均增长9.4%，远高于同期世界经济2.9%左右的年均增速，对世界经济增长的年均贡献率为18%左右，仅次于美国位居世界第二。我国的财政收入也不断增长，1951～2018年全国财政收入年均增长12.5%。① 随着国家综合国力和国家财政能力的提高，中央财政应当有能力在边疆教育事业中发挥更大的宏观调控、协调和统筹作用，有能力为边疆教育提供更多的公共财政支持。世界上许多国家对边疆民族地区教育投资的做法是，让中央和省级政府担任投资的主体或者由中央和地方政府共同负担，虽然各国财政体制差异很大，但当前大多数国家在边疆教育公共投资体制方面选择了集中模式或相对集中模式，完全采取以基层地方政府作为投资主体的分散模式的国家为数较少。越南对边疆教育的做法，值得我国借鉴。越南近年来全面深入教育改革，不断加大对边疆民族地区教育的投入力度，努力改善跨境地区基础教育。越南政府在与我国接壤的边疆民族地区，采取了一系列特殊教育政策建设其边疆学校，投资力度以学校与边疆线的距离为标准，越靠近边疆线的学校中央财政投资力度越大。我国作为疆域大国，中央财政收入占全国财政收入比重增加，应该重新审视和调整中央与地方各级财政的责任与作用，必须使中央财政在边疆教育中担负主要责任。

（三）教育经费总投入中，社会投入比重增加

结合图1，就云南而言，民间企业等社会力量投入来源仍有增长空间（见表3）。近几年，云南省边疆民族地区企业入资、院校企业合作办学的成功案例不在少数。在云南省孟连县，椿林商贸有限责任公司出资创办的椿林幼儿园是质量优良、设施齐备、环境优美的现代化幼儿园，椿林幼儿园填补了孟连县及佤邦学前教育的空白，极大地促进了边疆教育事业的均衡发展。另外，云南省德宏州瑞丽市云南民族大学澜沧江—湄公河国际职业学院是由中国、缅甸、老挝、泰国、柬埔寨、越南六个国家政府主导共商，一流院校牵头，共同组建理事会，企业、院校、研究院等共同参与办学的边疆职业学院。澜沧江—湄公河国际职业学院很好地体现了近年来我国围绕澜湄六国元首关于构建命运共同

① 1950～2018年中国社会经济主要数据变化［EB/OL］. 全球经济数据网，http：//www.qqjjsj. com/show70a84518，2020－11－09.

表 3 　2007～2015 年全国教育经费各来源渠道中社会投入比例情况

变量	2007 年	2008 年	2009 年	2010 年	2011 年	2012 年	2013 年	2014 年	2015 年
教育总投入（元）	1195758630	1427056742	1621610650	1927119707	2386929356	2865530519	303671815	3233087093	3561746267
社会投入（元）	89460302	107541901	120337718	168551494	198647347	234317879	262729256	294148935	34040755 4
比重（%）	7.4	7.5	7.42	8.7	8.3	8.1	8.6	9.0	9.5

资料来源：根据 2008～2016 年《中国教育经费统计年鉴》相关数据计算而得。

体的倡议：加快推进共建"一带一路"教育行动，大力发展现代职业教育，深化与湄公河国家在应用型技术技能人才培养方面的合作交流。这些倡议增进了各个国家之间的互信和友谊，为促进各个领域的合作作出了积极贡献。

（四）政策扶持力度不断增强

近几年来，国家对保障边疆教育经费的相关政策力度不断加大。首先，《国家中长期教育改革和发展规划纲要（2010—2020年)》中提到，对边远贫困地区、民族地区"加大教育投入，要健全以政府投入为主、多渠道筹集教育经费的体制，大幅度增加教育投入"。在《国务院关于深化农村义务教育经费保障机制改革的通知》中提到，按照"明确各级责任、中央地方共担、加大财政投入、提高保障水平、分步组织实施"的基本原则，逐步将"农村义务教育全面纳入公共财政保障范围，建立中央和地方分项目、按比例分担的农村义务教育经费保障机制"；"中央重点支持中西部地区，适当兼顾东部部分困难地区"。其次，教育部在《关于进一步加强全面改善贫困地区义务教育薄弱学校基本办学条件有关工作的通知》中提到，各地要加强资金统筹，整合中央和本地区义务教育改善办学条件相关投入，综合考虑地区财力差异，分档、分类划定省、市、县资金分担比例，对困难县市坚持省级"拿大头"，足额落实规划承诺的资金，确保不留资金缺口。

综上所述，构建"双协同"边疆教育经费投入机制是具有可行性的。首先，我国经济发展成就显著，中央财政具有一定的调控能力。其次，企业收入逐年增长，社会力量入资办学形成一种趋势。最后，现有的政策制度中一再强调多渠道筹集教育经费、中央地方共担、明确各级责任，这为建立外推内生、多边协同边疆教育经费投入机制提供了政策支持。

四、边疆民族地区教育经费投入路径探索

由于我国边疆教育经费投入中存在诸多问题，因此必须探索新的投入路径。如图2所示，对边疆民族地区构建外推内生多边协同教育经费投入机制具有稳边固边、对外文化辐射等重要的现实意义。为此，我们应该按照国家相关政策和制度的总体要求，结合边疆民族地区的特殊需要，对边疆民族地区教育

经费投入进行再探索。

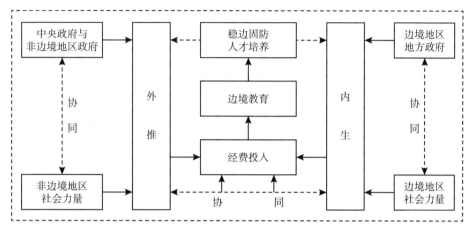

图 2 "国进民随"与"外推协同"双协同边疆民族地区教育经费投入

（一）重新审视边疆教育经费体制，调动各投入主体的能动性

边疆民族地区具有特殊的地理位置、复杂的人缘环境、频繁的对外交流，这些特殊性决定了边疆教育具有稳边固边、对外文化辐射、树立良好国家形象、促进教育公平、引领边疆少数民族地区的整体发展等特殊使命。边疆民族教育担负着重要的使命，但是自然环境的恶劣导致社会经济发展滞后，办学条件艰苦，现有的教育经费投入机制很难保障边疆教育高质量的运行。基于此，调动多元主体的能动性，加大对边疆教育经费的投入，优先发展民族教育中的边疆民族教育。第一，中央政府层面。发挥好自己的宏观调控能力，从边疆教育的特殊性出发建立有利于调动各投入主体能动性的优惠政策；对边疆教育进行中央财政"抓大头"原则，并担任最有力的外推主体。第二，省级政府和地方政府层面。利用边疆民族地区丰富的民族特色资源，在绿色发展地区经济的同时提高自己的财政能力，并在边疆教育经费投入中担任最有力的内生主体。与此同时，带动边疆本地区社会力量，加强对边疆教育的投入，办好边疆教育。第三，非边疆政府层面。非边疆政府是指中央政府和边疆民族地区政府以外有能力为边疆民族地区提供支援的地方政府，要从边疆民族地区命运共同体出发，全力支持边疆教育事业。第四，社会层面。社会层面分边疆地方社会

力量和非边疆社会力量，边疆地方社会力量是指边疆民族地区本土的企业、基金会、生产单位等从共生互利原则出发，通过捐赠或者直接投资的方式，为边疆教育事业尽微薄之力；非边疆社会力量是指边疆民族地区以外的其他发达地区的企业、基金会、生产单位资助边疆教育事业。社会资助是现行边疆教育经费来源渠道中的短板，边疆民族地区以外的社会力量还未进到边疆教育经费投入中，所以国家应适当宣传边疆教育的特殊性，调动社会力量投入边疆教育的能动性。

（二）完善边疆教育经费协同投入机制，保障内外多元主体联动

从边疆教育的特殊性出发，建立中央政府、省级政府、地方政府三级政府为主体的财政拨款机制；让越来越多的非边疆政府、基金会、企业、生产单位加大对边疆教育的捐助和投入，形成各级政府和社会力量协同投入边疆教育经费的投入机制。三级经费来源保障了边疆教育经费的稳定性，奠定了政府承担边疆教育发展责任这一基础，政府有义务筹集、分配用于边疆教育开展的经费，明确边疆教育的特殊国防意义。而多元的经费来源渠道促进了非边疆政府和社会企业投资边疆教育、关注边疆教育发展，并调动了社会力量参与边疆教育的积极性，多元的经费来源渠道成为边疆教育发展的动力之一。与此同时，注重经费的使用效率，采取多种措施以监督和评价边疆教育经费的使用成效。边疆教育经费多边协同投入机制以保障边疆教育经费目标实现为指引，是外推和内生要素多重整合而形成的一种互动机理，是相关主体间发生相互作用、相互影响的一种方式。这一机制具体包括外推和内生两种类型，外推来自中央政府、非边疆政府和社会力量的投入与捐助力度；内生是指边疆民族地区省级政府、边疆地方政府、边疆民族地区社会力量对边疆教育的投入。边疆民族地区的命运直接关联到整个国家和社会的命运，应全面加强稳边固边、互惠互赢理念进行投入，加强边疆民族地区命运共同体建设；坚持以相对责任分担为导向，重视多边主体内部分工与外部统整，按照"取长补短"的原则参与边疆教育经费的整体协同，彰显边疆教育经费机制的系统性。

（三）强化中央政府主导，凝聚外部力量协同发力

首先，民族地区人均财政收入与人均教育经费之间的相关系数和弹性系数

基本为负相关，且不显著，数值都在财政中立的标准内，这说明民族地区的财力和教育资源的供给之间没有太大的关系。所以中央政府在边疆民族地区要承担更多的教育投资责任，在边疆民族地区教育经费的投入实行预算拨款，中央、省、县三级合理分担的机制，取消教育项目地方配套政策，实行中央财政经费"独立配套"制度，增加教育投入总量，建立以"中央财政为主"的教育经费投入体制，明确中央、省、地方（县）对边疆民族地区教育经费投入的责任与分摊比例。这比当前的专项资金和转移支付等政策更稳定，更能确保边疆民族地区教育长远发展，也能从根本上解决边疆民族地区教育经费总量不足的问题。其次，我国现有的办学体制和投资体制还未建成便于社会力量进入的宽松的投资环境，在边疆民族地区，非边疆社会力量等多渠道筹措体制无法形成，其根本原因在于政策的优惠力度不够，法律体系也不够完善。企业、基金会、生产单位、民间团体等社会投入是教育投入的重要组成部分，要进一步调动发达地区的社会力量参与投入边疆民族地区教育，拓展边疆民族地区教育经费来源渠道。具体措施有两个：一是为边疆民族地区民间团体、企业单位等社会力量参与办学提供法规依据和宽松的投资环境；二是不断健全和完善边疆民族地区教育的民间团体、企业单位等社会投入机制，鼓励、支持社会力量和多种形式办学；鼓励社会资本在投资、税收优惠、价格改革等多方面加大对民族教育事业的投资力度。

（四）加强地方政府带动社会力量，激发边疆内生力量

地方政府作为边疆教育经费投入中的内生主体，应大力发展地方经济，从而提高地方财政能力；与此同时，地方政府要带动地方企业、基金会等边疆社会力量做到内生协同投入。内生协同投入包含两层含义：一是地方政府与边疆民族地区社会力量共同努力加大边疆教育经费投入；二是边疆民族地区经济社会发展的整体效益能够在实现经济增长的同时，有效促进经济、文化、教育三者之间的协同发展，从而提高地方财政能力。钱纳里和塞尔奎恩（1975）论证指出，随着人均国民生产总值的增加，财政收入水平不断提高。马斯格雷夫和罗斯托提出了政府活动增长的发展模型，认为经济发展水平决定财政收入占GDP的比重。地方财政收入占地方 GDP 的比值是一个逐步提高的过程，它会随着经济发展而不断增长。我国边疆民族地区风俗民情丰富多彩、文化资源富

集，但是受各种因素的影响，自然资源的开发利用对民族地区经济增长的贡献率较低。所以边疆民族地区要推动"经济—文化—教育"协同发力，提升地方财政投入能力，为边疆教育的快速发展提供经济保障，同时加强地方政府引导边疆民族地区企业等社会力量加入边疆教育经费筹资。边疆民族地区社会力量是不可小觑的边疆教育经费投入主体之一，所以当地政府在加强地方财政投入的同时，应通过相关激励政策来号召社会力量也参与其中。

参 考 文 献

[1] 白利友，谭立力. 基于全球夜间灯光遥感数据的中国西南边疆虚空化考察 [J]. 云南师范大学学报（哲学社会科学版），2017（7）：9－15.

[2] 徐忠祥，陶天麟. 云南与周边三国边疆教育比较研究 [M]. 云南：云南民族出版社，2013.

[3] 尤伟琼，张学敏. 云南边疆民族地区周边国家跨境就读外籍学生管理问题研究 [J]. 云南师范大学学报（哲学社会科学版），2018，50（3）：102－109.

[4] [德] 赫尔曼·哈肯. 协同学：大自然构成的奥秘 [M]. 上海：上海世纪出版集团，2005.

[5] 高如峰. 重构中国农村义务教育财政体制的政策建议 [J]. 教育研究，2004（7）：18－25.

[6] 成刚，袁梨清，周涛. 民族地区教育资源配置规模与结构研究 [J]. 民族研究，2017（6）：34－46＋124.

[7] 靳黎明. 财政收入与经济增长相关性实证分析 [J]. 财会研究，2007（10）：12－14.

[8] 王玉芬. 内生拓展：中国少数民族经济发展的理念、根据、条件、战略 [M]. 北京：中央民族大学出版社，2006.

[9] 郝时远，王延中，王希恩. 中国民族发展报告 [M]. 北京：社会科学文献出版社，2015：206.

[10] 张环宙，黄超超. 内生式发展模式研究综述 [J]. 浙江大学学报（人文社会科学版），2007（2）：61－68.

［11］高如峰．中国农村义务教育财政体制研究［M］．北京：人民教育出版社，2005.

［12］教育部财政司，国家统计局社会科技和文化产业统计司．中国教育经费统计年鉴［M］．北京：中国统计出版社，2011.

［13］教育部财政司，社会科技和文化产业统计司．中国教育经费统计年鉴［M］．北京：中国统计出版社，2012.

［14］教育部财政司，国家统计局社会科技和文化产业统计司．中国教育经费统计年鉴［M］．北京：中国统计出版社，2013.

［15］教育部财政司，国家统计局社会科技和文化产业统计司．中国教育经费统计年鉴［M］．北京：中国统计出版社，2014.

［16］教育部财政司，国家统计局社会科技和文化产业统计司．中国教育经费统计年鉴［M］．北京：中国统计出版社，2015.

［17］教育部财政司，国家统计局社会科技和文化产业统计司．中国教育经费统计年鉴［M］．北京：中国统计出版社，2016.

［18］教育部财政司，国家统计局社会科技和文化产业统计司．中国教育经费统计年鉴［M］．北京：中国统计出版社，2017.

［19］习近平：全面贯彻落实党的教育方针　努力把我国基础教育越办越好［EB/OL］．http：//www. xinhuanet. com/2016 - 09/09/content_1119542262. htm.

丝路中内陆民族地区经济—教育—文化协同发展问题研究

兰正彦[*]

摘　要： 通过对贵州省的面板数据采用复合系统协同度模型分析发现，作为丝绸之路经济带中的内陆民族地区，其经济—教育—文化所构成的复合系统发展存在不协同，主要表现为文化发展政策执行力度不足、文化产业发育不良和文化传承受限等问题。为此，建议从改善文化发展的人才与政策环境，规划资源配置、统筹文化事业与文化产业发展，打通教育内部的文化传承与传播通道三个方面入手，推动内陆民族地区的经济—教育—文化协同发展。

关键词： 丝绸之路经济带；南方丝绸之路；经济—教育—文化协同发展；内陆民族地区；协同度模型

一、引言

丝绸之路经济带（The Silk Road Economic Belt，以下简称"丝路"）是我国当前经济发展与对外交往的主要载体，对我国开发西部地区具有重要的战略意义。在西部地区，沿着丝路分布有十个国家级的城市群，按照地理位置的不同，被划分为南线和北线，其中，丝路南线的城市群主要位于西南地区的四

＊　兰正彦，西南大学西南民族教育与心理研究中心讲师。研究方向：民族教育、教育经济。

川、重庆、云南、贵州和广西等区域。① 此地是我国重要的少数民族聚居区域，面向南亚、东盟等经济体的开放区域，我国 2020 年实现全面建成小康社会的重点扶贫区域。由此可见，丝路南线的民族地区在"十三五"期间的发展，直接影响我国丝绸之路经济带发展的整体效果。

纵观丝路南线的民族地区，在我国八大文化产业带中，有包括藏羌彝文化走廊在内的五个分布于此②，该地区具有较为明显的资源优势。因此，该地区利用境内丰富多样的少数民族文化资源，发展文化产业和文化经济，不仅有助于实现区域的反贫困，更有助于实现传承创新民族文化。而这种利用文化资源发展区域经济的思路不仅符合可持续发展的总体要求，更适应丝路经济带建设要求，在增进对外经济交往的同时扩大对外文化交流，实现我国文化竞争力与影响力的提升。为此，丝路南线民族地区走经济与文化协同发展势在必行。在发展经济和繁荣民族文化的同时，地处丝路南线的民族地区还面临着扶贫的重要任务，而在影响民族地区经济增长的诸要素中，高校毕业生增长率、第二产业所占比例和固定资产投资增长率是与经济增长具有格兰杰因果关系的重要因素。③

综上所述，在一定程度上，丝路南线民族地区的经济、文化和教育事业构成了一个相互影响、密不可分的发展系统。根据木桶理论，相对于具有明显经济优势（如川、渝）和区位优势（如滇、桂）的民族地区而言，如何实现外部环境相对较差的民族地区经济—教育—文化协同发展，是影响丝路南线整体发展效果的重要问题。

二、研究回顾

关于协同发展，德国学者赫尔曼·哈肯（H. Hakken）于 1969 年提出协

---

① 根据我国西部十大城市群的分布情况，在丝绸之路经济带中，北线主要包括甘肃、新疆、内蒙古和宁夏等省区的城市群。

② "十三五"期间，我国八大文化产业带分别是长江经济文化产业带、藏羌彝文化走廊、珠江经济文化产业带、丝绸之路经济带、21 世纪海上丝绸之路（以上主要分布于丝路南线），环渤海湾经济文化产业带、黄河中原地区文化带和京杭大运河文化带。

③ 聚焦"十三五"：中国八大文化产业带状发展新趋势［EB/OL］. 中国商业地产信息网，http：//www. yn. winshang. com/news－481847. html，2015－05－22.

同理论，主要研究远离平衡态的开放系统在与外界有物质或能量交换的情况下，如何通过自己内部的协同作用，自发地出现时间、空间和功能上的有序结构。哈肯认为，序参量是协同的关键因素，它由子系统之间的协作产生，是子系统内部以及宏观系统各要素之间合作效应的表征与度量，当系统是无序时，序参量趋近于0，反之，序参量越大，系统的有序度越高。该理论源自哈肯对激光的研究，后被广泛应用于社会科学问题研究领域，近年来，关于协同理论方面的研究成果丰富，其中，身为物理学家的协同理论创始人哈肯也认为协同包含着竞争与合作，这是协同学及其相关理论能够应用于社会科学问题研究的重要基础。例如，在经济活动领域，个体商贩之间在商品产销上的市场竞争会逐渐形成某一同类商店的集聚（如伦敦的贝克街，即 baker street，面包师街）；社会舆论是促进社会变革甚至爆发革命的重要序参量（如国家的新秩序往往是通过公民之间的协作形成的）；在西方社会，法律成为夫妇为孩子取名的序参量，它支配着夫妇们为孩子取名的行为等。此外，斯特兰德（Strand，2013）采用单参数的不确定性和概率熵的方法，结合三螺旋关系分析挪威国家创新系统中技术、组织机构和地理环境等要素的协同作用；古斯曼（Guzman，2015）运用动态效益成本分析和社会福利最大化的方法，分析西班牙马德里的交通运输政策的协同效应；李琳（2014）运用哈肯模型分析认为我国区域经济协同发展的序参量从1992～2001年的区域比较优势转化为2002～2011年的区域经济联系和区域产业分工；路正南（2015）运用灰关联熵模型测算我国经济—资源—环境复合系统的协调有序度。协同度测算是本文分析丝路南线外部环境相对较差的区域如何实现经济—教育—文化协同发展的重要环节，国内外学者所采用的方法中，都是基于协同学的基本理论和数据分析模型，但是对原始数据的要求较高，对于区域的面板数据而言，由于在统计中的口径不一，原始数据的采集难以面面俱到，因此，从宏观的系统而言，本文主要采用复合系统协同度模型对样本区域特定的经济、社会等系统发展态势进行分析。该模型由孟庆松和韩文秀在2000年提出，其依据是协同学中的役使原理。这一模型被国内学者广泛应用于教育、经济、科技、文化等领域，可应用于衡量单个系统内部诸多要素之间的协同发展程度。例如，路献琴（2014）对山西省的"人才·产业·资源"复合系统协同发展进行研究，刘英基（2015）对我国的"技术创新—制度创新—产业高端化"产业复合系统协同发展进行研究。以上学者的研究均是采用复合系统协同度模型进行测算，所得结论的有效性较强且结果较为客观。

在丝路南线的重要省份中，外部环境相对较差的区域主要是地处西南内陆的贵州省。但是，贵州省也是我国的民族八省区之一，有着丰富的民族文化资源和巨大的经济发展潜力。关于贵州与丝绸之路经济带、南方丝绸之路等国家战略的关系，国内学者进行了针对性的研究，其中，刘渝安（2014）通过考证，认为贵州是南方丝绸之路的起点；汤正仁（2014）从交通环境建设角度提出贵州是新南方丝绸之路中的重要枢纽，并将其定位成面向东南亚、南亚和非洲开放的战略支点；高自为（2015）提出以建设连接北部湾经济区、成渝经济区、滇中经济区和长株潭经济区为主要内容的十字形大通道，以此进一步融入丝路经济带，实现地区跨越式发展。

综合国内外学者的研究成果，本文将以丝路南线重要的民族地区——贵州省为样本，依据协同理论中的役使原理和序参量原理共同衍生的复合系统协同度模型来分析该地区的经济—教育—文化发展协同度。

三、协同度测算

在进行协同度测算之前，将贵州省的经济发展、民族文化发展和教育发展设定为三个子系统，在这些子系统之间具有相对固定的边界，但同时互相开放，存在着信息、人才等资源的流动，这也是我国学者提出的民族地区经济等多项事业实现协同发展的重要途径之一。[①]

（一）复合系统协同度模型说明

根据学者们的研究成果，本文将样本区域的经济发展、文化发展和教育发展构成的复合系统定义为经济—教育—文化系统，记作 S_{E-E-C} 系统（The system of Economy – Education – Culture）。经济发展、民族文化传承、利用民族文化资源实现区域脱贫等多项事业都离不开人才的参与，而人才的形成离不开教

育活动。所以，通过人才推动民族贫困地区经济与文化协同发展的战略进程深层联系是在经济与文化发展过程中引入教育力量，形成区域经济—教育—文化协同发展的态势。从理论上说，这个复合系统中各子系统之间的协同是以人才为核心实现。由于经济发展将转向创新驱动，民族贫困地区实现创新驱动的根本在于人才；经济发展、民族文化传承、利用民族文化资源实现区域脱贫等多项事业都离不开人才的参与，而人才的形成离不开教育活动。

基于复合系统协同度模型，本文将 S_{E-E-C} 系统分解为经济、教育和文化三个子系统，分别记为 $i=1，2，3$。设每个子系统在发展演化过程中的序参量 $e_i = (e_{i1}，e_{i2}，e_{i3}，\cdots，e_{im})$，其中，$m \geq 2$，$\varphi_{ij} \leq e_{ij} \leq \phi_{ij}$，$j \in [1，m]$，$e_{i1}$，$e_{i2}$，$e_{i3}$，$\cdots$，$e_{im}$ 是描述复合系统 S_{E-E-C} 的运行机制和运行水平的指标群。φ_{ij} 和 ϕ_{ij} 分别代表第 i 个子系统的第 j 个参量的下限值与上限值。假设，第 i 个子系统的前 k 个指标 e_{i1}，e_{i2}，e_{i3}，$\cdots$，e_{ik} 的取值越大，S_{E-E-C} 系统中相应子系统的有序程度越高；反之，其值越小，相应子系统的有序程度越低。进一步假定其余 $m-k$ 个指标的取值越大，相应子系统的有序程度越低；反之，指标的取值越小，相应子系统的有序程度越高。定义复合系统 S_{E-E-C} 的模型中子系统 i 的序参量分量的有序度函数表达式为（1）式。

$$\mu_i(e_{ik}) = \begin{cases} \dfrac{e_{ij} - \varphi_{ij}}{\phi_{ij} - \varphi_{ij}}，j \in [1，k] \\[2mm] \dfrac{\phi_{ij} - e_{ij}}{\phi_{ij} - \varphi_{ij}}，j \in [k+1，m] \end{cases} \tag{1}$$

在（1）式中，$\mu_i(e_{ik}) \in [0，1]$ 并且 $\mu_i(e_{ik})$ 的取值越大，序参量 e_{ij} 对子系统 i 的有序性贡献越大。系统 S_{E-E-C} 的有序度不仅由各序参量数值的大小决定，而且还取决于序参量之间的组合形式。根据复合系统协同度模型的原理，不同子系统的有序度将采用几何平均法与线性加权和法进行集成。在此基础上，对于给定的初始时刻 T_0，其各个子系统序参量的有序度为 $\mu_i^0(e_i)$，$i=1，2，3$，则复合系统 S_{E-E-C} 在发展演化过程中的第 $T(t)$ 时刻，各个子系统序参量的有序度为 $\mu_i^t(e_i)$，$i=1，2，3$，此时，复合系统 S_{E-E-C} 的协同度 $cm(S_{E-E-C})$ 的运算表达式为（2）式。

$$cm(S_{E-E-C}) = \theta \times \sqrt[3]{\left| \prod_{j=1}^{3} \left[\mu_i^t(e_i) - \mu_i^0(e_i) \right] \right|} \tag{2}$$

$$\theta = \frac{\min\limits_{i}\left[\mu_i^t(e_i) - \mu_i^{t-1}(e_i) \neq 0\right]}{\left|\min\limits_{i}\left[\mu_i^t(e_i) - \mu_i^{t-1}(e_i) \neq 0\right]\right|} \tag{3}$$

在（2）式中，$cm(S_{E-E-C}) \in [-1, 1]$，cm 取值越大，复合系统 S_{E-E-C} 的协同发展程度越高，反之越低，并且该系统协同发展应综合考虑所有子系统的状况，只要 $\mu_i^t(e_i) \geq \mu_i^0(e_i)$，$i = 1, 2, 3$ 至少有一个不成立时，表明复合系统 S_{E-E-C} 中至少有一个子系统是朝着无序的方向演化，在此情况下，复合系统 S_{E-E-C} 在 T_0 到 T_t 时刻处于不协同的发展状态。同时，还应注意在复合系统 S_{E-E-C} 的三个子系统中，当某个子系统有序度较高，但是另一个子系统有序度较低或逐年下降时，复合系统 S_{E-E-C} 的整体协同度也不高，在运算结果上表现为 $cm(S_{E-E-C}) \in [-1, 0]$。

（二）数据来源

序参量（order parameter）是决定系统协同程度的关键要素，它是能够反映系统宏观运行状况的重要指标，往往是由单个系统或系统内某一部分的诸多要素协作产生，并反过来支配系统运行。根据这一基本特征，通过观察历年《贵州统计年鉴》的各项数据指标，本文将影响经济—教育—文化复合系统发展的序参量确定为以下指标群（见表1）。

表1　　贵州省经济—教育—文化复合系统 S_{E-E-C} 的子系统序参量指标

子系统	指标：单位	代码
经济子系统	GDP：亿元	X1
	全社会固定资产投资：亿元	X2
	财政收入：亿元	X3
	城镇居民人均可支配收入：元	X4
	农村居民人均纯收入：元	X5
教育子系统	高等学校数：所	Y1
	高校在校生数：万人	Y2
	公共财政教育支出：亿元	Y3

子系统	指标：单位	代码
	文化机构数：个	Z1
文化子系统	文化类从业人员数：人	Z2
	城镇居民文化类消费支出：元	Z3
	农村居民文化类消费支出：元	Z4

根据这一指标群，结合历年《贵州统计年鉴》，确定贵州省区域经济—教育—文化复合系统序参量的原始数据如表2所示。

表2　　贵州省2004～2014年经济—教育—文化发展指标原始数据

年份	X1 亿元	X2 亿元	X3 亿元	X4 元	X5 元	Y1 所	Y2 万人	Y3 亿元	Z1 个	Z2 人	Z3 元	Z4 元
2004	1677.8	869.25	296.48	7322.04	1721.55	34	17.99	81.45	1653	7745	793.39	140.21
2005	2005.42	1018.25	366.16	8147.13	1876.96	34	20.68	137.28	1670	8207	811.33	160.91
2006	2338.98	1197.68	448.88	9116.61	1984.62	36	22.15	120.12	1699	8431	938.37	138.13
2007	2884.11	1488.80	556.98	10678.40	2373.99	37	24.17	166.27	1838	10013	1035.96	147.31
2008	3561.56	1864.45	674.58	11758.76	2796.93	37	26.75	229.77	1869	10714	934.73	122.10
2009	3912.68	2450.99	779.59	12862.53	3005.41	47	29.91	256.72	1966	12520	1146.35	151.59
2010	4602.16	3186.28	969.57	14142.74	3471.93	47	32.33	292.06	2041	12949	1254.56	186.19
2011	5701.84	4234.44	1329.99	16495.00	4145.35	48	34.41	376.86	2075	14945	1331.43	183.03
2012	6852.20	5717.80	1644.48	18700.51	4753.00	49	38.38	500.51	2213	16380	1396.00	226.44
2013	8086.86	7373.60	1918.23	20667.00	5434.00	52	41.90	560.67	2241	17996	1950.28	301.38
2014	9266.39	9025.75	2130.90	22548.00	6671.22	55	46.04	637.03	2235	17902	2071.32	481.40

资料来源：贵州省统计局，国家统计局贵州调查队编．贵州统计年鉴（2005～2015）．北京：中国统计出版社，2005～2015.

（三）测算结果

按照协同度模型的测算步骤，先将原始数据代入（1）式，得出贵州省经济—教育—文化各子系统的序参量有序度，在此，将样本数据中各项指标的最小值作为测算协同度的下限值 φ_{ij}，将最大值作为上限值 ϕ_{ij}，如表3所示。

表3　　　　　2005～2014 年贵州省复合系统中各子系统序参量的有序度

年份	X1	X2	X3	X4	X5	Y1	Y2	Y3	Z1	Z2	Z3	Z4
2005	0.04	0.02	0.04	0.05	0.03	0.00	0.10	0.10	0.03	0.05	0.01	0.11
2006	0.09	0.04	0.08	0.12	0.05	0.10	0.15	0.07	0.08	0.07	0.11	0.04
2007	0.16	0.08	0.14	0.22	0.13	0.14	0.22	0.15	0.31	0.22	0.19	0.07
2008	0.25	0.12	0.21	0.29	0.22	0.14	0.31	0.27	0.37	0.29	0.11	0.00
2009	0.29	0.19	0.26	0.36	0.26	0.62	0.42	0.32	0.53	0.47	0.28	0.08
2010	0.61	0.72	0.63	0.55	0.65	0.38	0.49	0.62	0.34	0.49	0.64	0.82
2011	0.47	0.59	0.44	0.40	0.51	0.33	0.41	0.47	0.28	0.30	0.58	0.83
2012	0.32	0.41	0.27	0.25	0.39	0.29	0.27	0.25	0.05	0.16	0.53	0.71
2013	0.16	0.20	0.12	0.12	0.25	0.14	0.15	0.14	0.00	0.00	0.09	0.50
2014	0.00	0.00	0.00	0.00	0.00	0.08	0.10	0.10	0.01	0.01	0.00	0.00

将表3中的子系统序参量数据代入（1）式和（3）式，得出系统的协同度，如表4所示。

表4　2005～2014 年贵州省经济—教育—文化各子系统和复合系统协同度分析结果

年份	经济子系统	教育子系统	文化子系统	θ	复合系统协同度
2005	0.0348	0.0000	0.0375	—	—
2006	0.0712	0.0994	0.0717	1	0.0499
2007	0.1379	0.1687	0.1745	1	0.1336
2008	0.2086	0.2284	0.0000	− 1	− 0.1142
2009	0.2694	0.4362	0.2738	1	0.2892
2010	0.6302	0.4872	0.5446	1	0.5279
2011	0.4760	0.4015	0.4483	1	0.4175
2012	0.3199	0.2676	0.2303	1	0.2451
2013	0.1623	0.1426	0.0000	− 1	− 0.0880
2014	0.0000	0.0928	0.0000	1	0.0495

　　贵州省复合系统协同度整体较好。但是，在该系统中，仍然存在着局部的不协同。其中，教育子系统和经济子系统分别在 2005 年和 2014 年出现无序状态，文化子系统则在 2013 年和 2014 年连续两年出现无序状态。通过进一步观

察 θ 值发现，除 2008 年和 2013 年之外，其余各年的 θ 值均为 1，表明该年度的复合系统协同度与 2005 年相比有一定程度的上升。

如图 1 所示，贵州省 2006～2014 年经济—教育—文化各子系统的有序度总体上均大于 0，并且在 2005～2007 年、2008～2010 年两个区间内，均处于上升状态，但是在 2010～2014 年，却出现不同程度的下降。

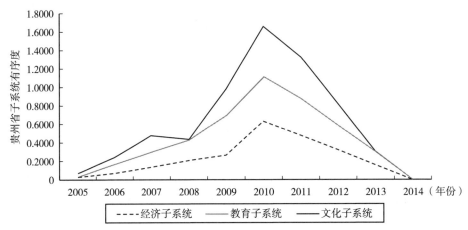

图 1　贵州省 2005～2014 年经济—教育—文化各子系统协同度演化趋势

如图 2 所示，通过进一步观察分析结果发现，贵州省经济—教育—文化复合系统协同度有两段下降区间，分别是 2007～2008 年、2010～2013 年。直至 2014 年，该样本的复合系统协同度大于 0，表明各子系统的内部协同度均有所上升，呈现出整体的协同度逐渐上升。

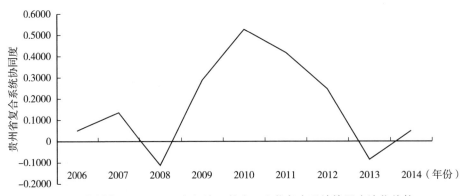

图 2　贵州省 2006～2014 年经济—教育—文化复合系统协同度演化趋势

四、协同度结果分析

在经济—教育—文化构成的复合系统中，教育和文化两个子系统的内部协同度较低，这表明虽然样本区域的经济社会发展指标数据不断增长，但是并没有实现充分的协同，总体的协同程度较低甚至存在不协同。相比之下，样本区域的经济子系统内部协同度总体处于稳定状态，只有少数年份存在指标统计意义上的无序状态，反映出在经济—教育—文化构成的复合系统中，经济子系统的稳定性整体较好。而同期的教育和文化两个子系统，其内部协同度均处于不稳定状态。根据协同学的役使原理，当由三个及三个以上子系统组成的复合系统中，任意一个子系统的内部协同度下降或者变为无序状态，则整个复合系统的发展演化状态趋近无序，即不协同。

根据贵州省的面板数据分析结果，本文认为，当前贵州省存在着经济—教育—文化发展无序协同状态，表现为系统发展之间低协同和局部的不协同。根据测算，仅从数据指标的分析结果来看，贵州样本的文化子系统相对其他两个子系统而言，发展的不协同程度较高，在 2005～2014 年的区间内出现了三次发展不协同状态（2008 年，2013 年和 2014 年，数值均为 0）。这就表明，在贵州省由经济、教育、文化构成的复合系统中，文化子系统的发展未能与区域经济和教育事业形成协同态势。不仅如此，从图 1 的协同度演化趋势来看，贵州省的文化子系统相比于其他两个子系统，发展协同程度的变化较为剧烈，这就反映出 2005～2014 年，贵州省的文化发展态势并不稳定，先是从 2005～2007 年，再是从 2008～2010 年，先后两次处于上升区间，从 2011 年起，直至 2014 年，均处于下降区间。综合分析图 1 的演化趋势和协同度测算结果可知，贵州省经济—教育—文化实现协同发展的关键在于三个方面——提高文化系统发展的稳定性，提高文化系统与经济系统发展的融合程度，提高教育系统对经济—文化发展的支持力度。而结合近年来贵州省文化发展，当前影响协同的主要问题包括文化系统自身、文化与经济、文化与教育三个方面。

（一）文化系统发展中专项政策执行力度不足且环境亟待改善

早在 2012 年，贵州省就出台了《"十二五"民族事业发展推进十大计划》，其中包括"民族贫困乡镇扶持推进计划"与"特色民族文化村寨建设推进计划"等与文化发展相关的专项计划，但是这些计划的执行力度不足，并未取得预期的效果。2013 年，国家社科基金项目课题组在贵州黔东南州从江县某乡（该乡是上述两项计划中的试点）考察的过程中，专门与当地政府工作人员谈及这项政策的落实情况，得到的答复是未接到上级通知，与这项政策相关的配套制度也并未落实，甚至工作人员对这项计划的名称和内容都不甚了解。① 这虽然是个案，但是在一定程度上，反映出文化发展的政策执行力度有待进一步加强，尤其是被纳入区域战略性规划的政策，因其周期较长，对区域文化事业发展影响较为深远，加之受外界环境因素影响较大，所以更应强化执行力度。

从表 2 中的原始数据可知，2013～2014 年，贵州省的文化机构数和文化从业人员数均有所下降，分别减少了 6 人和 94 人。这一数据的减少，反映出贵州省这两年的文化事业与文化产业发展势头出现一定程度的减退，由于文化机构和文化从业人员构成了文化产业和文化事业发展的基础环境，这种环境建设的不足直接影响了文化的发展。

（二）文化产业发展相对缓慢

文化产业是文化系统与经济系统协同发展的重要形式，将文化资源转化为文化商品进而形成规模产业，是贵州省将文化资源优势转化为产业优势，形成支柱性产业的发展之路。但是，由于贵州区域的扶贫压力较大，境内包括滇桂黔石漠化区、乌蒙山区、武陵山区等国家集中连片特殊困难地区，在资源配置过程中，经济系统的发展得到政府的重点支持，这在一定程度上挤占了文化发展所需的资源，压缩了文化发展的空间，就目前的境况而言，文化产业难以形成区域的支柱性产业，发挥增长极的作用。这在指标上反映为直至 2014 年，贵州省的文化产业增加值占 GDP 的比例约为 3.21%，这一结果是在 2011 年以来不断增加文化发展投入，文化产业增加值年均增幅在 30% 以上的情况下积累所得②，这就进一步表明，2011 年以来，虽然政府部门重视文化事业和文化

---

① 该部分内容系国家社科基金项目课题组在贵州从江县的调研资料，在此出于保密需要，隐去调研地的基本信息，只针对调研结果进行说明。

② 2014 年贵州文化产业增加值 296.85 亿元增长 41.5% ［EB/OL］. 人民网，http：//culture. people. com. cn/n/2015/0718/c172318 - 27324177. html，2015 - 07 - 18.

产业的发展，但是由于资源支持力度有限，导致境内的民族文化资源优势并未转化为产业优势，并形成支柱性产业。

（三）教育对文化传承和文化产业发展的支持力度不足

教育事业对文化传承的支持在于培养传承人群体，在学校教育教学活动中融入本土优秀的民族文化资源；对文化产业发展的支持在于培养文化产业从业人员，激发从业者的创意创新能力。但是，某些民族文化的传承人和资源难以融入教育系统。例如，贵州凯里某职业技术学院专门开设了苗侗医药课程，其出发点是致力于推动民族医药的广泛传播，将苗侗医药努力发展为与藏医藏药、蒙医蒙药、白药等齐名的民族产业，但是该课程在教学过程中，并没有系统的教材体系，唯有的一本教材，也是负责主讲的老师通过自身努力，勉强整理而成，最终，该门课程在学校的课程体系中，仅作为选修课，其影响力度较小。谈及教材问题时，这位老师坦言，他自己本是苗医世家，世代行医，到他这代，已经近百年，积累的药方、技术本来很丰富，但是由于家族有规定，不能轻易外传医术。正是由于这个规定，导致他在收集整理药方和医术的过程中，受到来自家庭和家族的一些阻力，虽然最后都妥善解决了，但对所形成的教材并不满意。作为医生和教育工作者，他本人想将苗侗医药这门民族优秀的传统文化传播给自己的学生，但是受制于家传的观念，实施起来阻力较大。这种情况在一定程度上反映出某些包括传承人群体在内的稀缺文化资源难以进入教育系统，随着教育活动实现群体间的传承与传播。

教育事业中用于文化传承教育的专项经费不足。在与东朗乡的一位文化站工作人员的访谈过程中笔者了解到，当前东朗境内传承少数民族文化的最大难题是经费不足，不仅拨款较少，而且没有其他经费来源渠道。根据这位工作人员提供的基本信息，经过计算，仅以苗族和侗族的山歌传承为例，如果每个村分别聘请男女歌师等传承人，每人每年误工补助为 2000 元，购置芦笙等乐器设备至少 5000 元，若以学校为平台举行山歌传承活动，则产生的学校办公费用以及组织学生参与民间民俗活动等费用约为 6000 元，两者相加，每个学校每年在传承山歌的活动中至少需要经费 1 万元左右，但是现在每年从江县民族部门获得的文化进课堂经费仅有 2 万~4 万元①，从长远来看，现有经费难以满足文化传承的需求。

五、促进贵州区域经济—教育—文化协同发展的建议

在丝绸之路经济带南线区域，贵州省较之其他省份没有明显的经济优势和地理区位优势，结合协同度测算的结果，为弥补经济和区位劣势，实现区域经济—教育—文化协同发展，主要应从以下三个方面入手。

（一）改善文化发展基础环境

1. 调整文化机构设置

鉴于近几年文化机构数量减少，省级政府部门应在现有机构设置的基础上，整合编制、人力、物力、财力、信息等资源，按照境内文化资源分布特点，在文化特征相似的区域，提高这一区域中心地的文化机构影响与辐射能力。在这一中心地，以当地的文化机构改革为切入点，以提升区域公共文化服务能力为目标，加大对试点单位的资源倾斜力度，同时，参考文化实验区、文化保护区的设置方式，在文化特征相似区域的中心地区设立具有统筹区域文化保护、传承、开发的综合性协调机构，从而整合社会资源，减少文化发展决策与执行之间的信息传递环节，提高文化机构的运行效率。

2. 依托高等院校对文化从业人员进行培训

鉴于文化从业人员数量的减少，建议政府部门联合各级各类高等院校（含职业院校）依托成人教育、职业教育、网络继续教育等平台，对进入文化行业就业的人员进行定期和不定期的各种发展培训，建立文化从业人员的终身学习体系。政府部门从财力上给予文化机构（主要是公益性非营利性的文化单位）专项的经费补贴，确保从业人员的在职培训顺利进行；同时，政府部门中教育主管单位与高校签订合作协议，发挥高校服务地方经济社会发展之职能，提高从业人员培训质量和业务素质；此外，政府部门与高校以及从业人员就业单位三方共同建立专门的培训项目，由就业单位提供人员能力需求信息并派出技术

---

① 敖家辉.从江县民族文化的抢救、保护和传承［J］.理论与当代，2015（2）：38-39.

人员进入高校参与岗位培训，由政府部门提供优惠的就业等保障政策，由高校提供培训场所和培训师资，形成三位一体的岗位培训体系。

3. 增强文化发展政策的执行与监督力度

省级政府部门在出台文化发展政策之后，应以定期或不定期的巡视制度为载体，检查政策的执行，并由分管文化事业和文化产业发展的省级领导、职能部门及其授权的社会组织共同监督文化发展政策的执行。各级政府部门建立政策执行反馈与协调机制，对政策执行中出现的某些实际问题进行分析整理，在自身权限之内的问题，可灵活运用政策制度进行处理；对于超越自身权限的问题，立即报送上级政府部门。社会组织（如专业的评估机构和政策研究机构）应加强对区域文化发展政策执行的监督力度，依靠现代技术手段，通过网络、移动通信平台等，提高监督的技术水平，并将监督过程中收集到的有利于文化发展政策改进的信息及时与政府部门沟通。

（二）重点推动民族文化产业的培育，促进文化与经济协同

随着丝绸之路经济带的不断深入发展，贵州对区域发展战略作出调整。政府部门在重点培育文化旅游业的基础上，于2016年起，将山地旅游作为旅游业发展的基本定位。尽管文化旅游业属于文化产业的重要门类之一，但是，文化旅游业不应等同于文化产业，旅游总收入和旅游产业增加值也不等于文化产业的增加值。因此，在"十三五"（2016～2020年）期间，政府部门还应将产业培育的重点放在推动民族文化资源向资本转化，形成区域支柱性产业。为此，应做好两个方面的工作。

1. 合理规划资源配置

就发展文化产业而言，贵州省已于2015年投入380亿元实施129个文化旅游业项目建设，项目总数占五大新兴产业项目总数（382个）的33.77%，占比最高，投资额占总投资额（4600亿元）的8.26%。[①] 从这一组数据可知，贵州省在未来文化旅游业的发展中投入了大量的项目资源，但是资金总量在新兴产业中占比仍然较小。总体反映出资源有限，项目较多且集中于发展文化旅

---

① 张伟. 贵州投资4600亿元发展"五大新兴产业"［EB/OL］. 中国新闻网，http：//www.chinanews.com/df/2015/01－28/7013894.shtml，2015－01－28.

游，而对传承民族文化、发展民族文化特色商品生产、民族文化教育等领域没有明确提及。因此，在"十三五"（2016～2020 年）期间，政府部门，尤其是民族、文化等职能部门应合理规划人力、物力、财力资源的配置，避免项目的重复建设，并且将文化产业的培育重点向文化传承、文化特色商品的生产方面倾斜，会同其他职能部门适当限制旅游等产业对民族传统文化的过度改造，避免资源利用的高耗低效。

2. 合理统筹民族文化传承与产业化

政府部门在建立文化传习所等传承人培训机构的同时，应联合境内的地方本科高校和职业院校，设置文化传承人群体专项培训课程，并根据院校专业设置的有关规定，扶持并引导本科高校和职业院校开设民族文化类专业，集中力量培养民族文化传承人才，并为传承人群体参与人才培养提供政策优惠。在文化产业发展项目中，提高公益性的文化传承类项目比例，优化文化传承与文化产业化的项目结构。所需资金由省级财政统筹，对文化资源相对集中的各县进行多种形式的补贴与转移支付。除此之外，由省级政府中的招商、金融管理等职能部门，通过优惠政策，引导社会力量和民间资本参与民族文化传承与产业培育。

（三）打通教育系统中的文化传承—传播通道

民族文化传承与发展离不开职业教育的平台作用，这已成为学者们的重要共识，为实现民族文化和经济发展在人才身上的共生，我们认为完善教育系统内部的民族文化发展通道是基础。为此，在中职系统，建议由中职学校面向本地区收集整理民族文化资源，聘请民族文化传承人群体作为专职或兼职教师，参与民族文化的发展，构建起基础专业—特色课程—专业师资—实训环境一体化的民族文化发展通道，以此作为民族文化发展通道的基层架构，发挥保存民族文化的作用。在高职系统，高职院校应参考国家非遗传承人目录中的文化分类，拓展与民族文化相关的专业领域，在强化发展民族文化旅游、民族语言文字等传统专业的基础上，结合现代物流、电子商务、现代传媒等新兴技术，根据区域特色产业的发展需求，以特色专业—课程—师资—实训环境衔接中职教育所构建的基层架构，形成中职—高职紧密衔接的民族文化发展通道。而在本科院校，应形成两种相互融合又各具特色的文化发展通道。第一，在非应用型本科院校中,侧重文化发展的理论研究人才培养,主要基于文化学、人类学、民族学等专业,重点培养对民族文化发展具有一定理论素养的学术型人才;第二,在应用型本科院校,主要衔接中职与高职的相关文化特色专业,如文化会展、民族文学艺术等,重点培养对民族文化发展具有一定实用技能和研发创意能力的应用型人才,进而形成从中职到本科的以人才培养为载体的基础性文化发展通道。

参 考 文 献

[1][德]赫尔曼·哈肯著,凌复华译.协同学:大自然构成的奥秘[M].上海:上海译文出版社,2001.

[2] Øivind Strand, Leydesdorff L. Where is synergy indicated in the Norwegian innovation system? Triple – Helix relations among technology, organization, and geography [J]. *Technological Forecasting & Social Change*, 2013, 80 (3): 471 – 484.

[3] Guzman L A, Hoz D D L, Circella G. Evaluation of synergies from transportation policy packages using a social welfare maximization approach: A case study for Madrid, Spain [J]. *Case Studies on Transport Policy*, 2014, 3 (1): 99 – 110.

[4] 李琳,刘莹.中国区域经济协同发展的驱动因素——基于哈肯模型的分阶段实证研究[J].地理研究,2014,33 (9):1603 – 1616.

[5] 路正南,杨雪莲,郝文丽.熵视角下我国 ERE 复合系统协调有序发展研究[J].工业技术经济,2015 (10):3 – 12.

[6] 孟庆松,韩文秀.复合系统协调度模型研究[J].天津大学学报:自然科学与工程技术版,2000,33 (4):444 – 446.

[7] 路献琴,韩飞,郭普庆.山西省"人才·产业·资源"动态复合系统协调发展研究[J].科技管理研究,2014 (13):42 – 46.

[8] 刘英基.高技术产业技术创新、制度创新与产业高端化协同发展研究——基于复合系统协同度模型的实证分析[J].科技进步与对策,2015 (2):66 – 72.

[9] 刘渝安．南方丝绸之路起点在贵州［N］．贵州政协报，2014 – 11 – 21：A03.

[10] 汤正仁．"新南方丝绸之路"视野下的贵州发展战略定位［J］．区域经济评论，2014（6）：37 – 43.

[11] 高自为，徐中春．"丝绸之路经济带"与贵州跨越发展战略研究［J］．改革与开放，2015（13）：25 – 27.

[12] 黄启学．协同理论与少数民族地区经济的发展［J］．西南民族学院学报（哲学社会科学版），1987（4）：22 – 28.

[13] 尹朝平．云南：把创新驱动发展摆在核心战略位置［EB/OL］．中央政府门户网站，http：//www. gov. cn/xinwen/2015 – 09/10/content_2928214. htm，2015 – 09 – 10.

[14] 董春雨．试析序参量与役使原理的整体方法论意义［J］．系统科学学报，2011（2）：17 – 21.

[15] 2014 年贵州文化产业增加值296. 85 亿元增长41. 5%［EB/OL］．人民网，http：//culture. people. com. cn/n/2015/0718/c172318 – 27324177. html，2015 – 07 – 18.

[16] 敖家辉．从江县民族文化的抢救、保护和传承［J］．理论与当代，2015（2）：38 – 39.

[17] 张伟．贵州投资4600 亿元发展"五大新兴产业"［EB/OL］．中国新闻网，http：//www. chinanews. com/df/2015/01 – 28/7013894. shtml，2015 – 01 – 28.

广西壮族自治区边疆民族教育发展问题研究综述

李明泽[*]

摘　要：广西壮族自治区（以下简称"广西"）位于我国南疆地区，与越南相邻。但由于历史、地理等原因，广西边疆民族地区的教育水平、人民生活状况仍然大大落后于发达地区，十分令人忧思。近年来国家也十分重视边疆民族问题，颁布并完善了一系列举措解决边疆民族教育问题。基于以上认识，本研究通过大量文献收集、整理、分析，将广西边疆民族地区教育发展问题以及所取得成果进行总结归纳，主要分为广西边疆国门学校教育的研究、广西边疆民族地区教育问题与对策研究、广西边疆民族地区教师问题研究以及广西边疆民族地区其他方面的问题研究。

关键词：广西；边疆教育；民族；国门学校；教师

广西得名于古地名"广信"，两广以广信为分界，广信之西谓广西。广西地处我国南疆，与广东、湖南、贵州、云南相邻，并与海南隔海相望，下辖14个地级市，111个县级行政区，南濒北部湾、面向东南亚，西南与越南毗邻，大陆海岸线长约1595千米，是全国三大侨乡之一，也是中国唯一沿海的自治区——广西壮族自治区。广西历史悠久，早在80万年前就有原始人类在此生息，孕育了新石器时代和青铜时代的文明，是桂柳文化、岭南文明的发源

* 李明泽，西南大学西南民族教育与心理研究中心硕士研究生。研究方向：民族教育。

地，也是中华文明的发祥地之一。在中国与东南亚的经济交往中占有重要地位，是西南地区最便捷的出海通道。广西是以壮族为主体的少数民族自治区，也是全国少数民族人口最多的省（区），境内居住着壮、汉、瑶、苗、侗、仫佬、毛南、回、京、彝、水、仡佬12个世居民族。广西是全国瑶族人口最多的地区，约占全国瑶族总人口的60%；是全国仫佬族人口最多的地区，约占全国仫佬族人口的90%；环江毛南族自治县是全国唯一的毛南族自治县，也是我国毛南族最大的聚居区，有7万多人；广西是中国京族唯一的居住地，境内其他44个少数民族均有居住。①

近年来，关于广西边疆民族教育问题的研究已取得了不少成果，本文运用文献分析法，在中国知网上查阅了2001～2018年广西边疆民族教育的研究成果，进行综述分析，为我国新时期研究广西边疆民族教育发展问题带来一定的经验与启示。

一、广西边疆国门学校教育的研究

（一）义务教育阶段广西边疆学校的发展状况

新中国成立初期至1976年，由于历史原因，学校教育秩序被打乱，教育质量严重下降。而中共十一届三中全会后，广西教育进入了蓬勃发展的新时期。但之后中共中央为了支援柬埔寨的反侵略斗争，使越南陷入两线作战的环境，并且为了维护边界安全，做出对越自卫反击战的决定，直到1993年才结束对越防御作战。当时的许多边疆学校成了战地医院、后勤仓库，甚至成为惨烈的战场，遭到不同程度的损坏，且因经济落后、缺乏资金投入等原因，学校发展非常缓慢。1992年中共第十四次全国代表大会提出，到20世纪90年代末全国基本普及九年义务教育，基本扫除青壮年文盲（简称"两基"）以来，国家、广西市政府、自治区党委纷纷出台相应政策帮助贫困地区加快普及义务教育，促进当地人民群众脱贫致富。在"西部大开发"政策的支持下，创造性

---

① 国务院新闻办公室. 广西壮族自治区的民族与人口［EB/OL］. http：//www. scio. gov. cn/ztk/dtzt/04/08/3/Document/391891/391891. htm.

地采用了"边疆建设大会战"的方式，集中力量，在与越南毗邻的蜿蜒漫长的边疆线上，开展"边疆建设大会战"。其中，教育项目被列为重点项目之一，共投入 30995.69 万元用于 855 所学校 638307 平方米的校园建设。① 此外，《广西兴边富民行动基础设施建设大会战实施方案》《边疆 3 - 20 公里兴边富民行动基础设施建设大会战实施方案》等项目相继出台，使广西边疆学校蓬勃发展。

（二）国门学校发展职能和对边疆教育安全的影响

王枬、黄健毅认为，"广西边疆学校职能现状主要表现在：促进个体全面发展的意识较强，但素质教育的支持体系有待完善；师生的国家身份认同感和国防观念较好，但国民教育和国防教育没有受到应有的重视，学生的国防知识掌握程度较低；学校已尝试为当地经济发展服务，但还难以满足边贸的特殊需要；学校已成为展示良好国家形象的窗口，但内涵有待提高。当前广西边疆学校的发展应该从外延转向内涵，以提高学生素质为目标，以特色课程适应边疆需求，以社会资源完善支持体系，从边疆学校走向国门学校。"② 黄健毅所著的《广西边疆学校历史发展研究》从学校规模、教学设施、教育政策、政府投入等方面分析了广西边疆学校的崛起，并提出从地理学意义上的边界学校走向政治、文化意义上的国门学校的设想。黄健毅在他的硕士论文《从边疆学校走向国门学校——广西边疆义务教育阶段学校职能研究》中，也对广西边疆学校的特殊政治职能、特殊经济职能、特殊文化职能进行了深入调查及论述。他认为广西边疆义务教育阶段学校建设过程中存在的主要突出问题有如下三个：第一，对学校特殊职能的认识不够深入；第二，现行教育评价制度不尽合理；第三，学校的支持系统有待完善。黄健毅认为国门学校对边疆青少年的成长、边疆民族地区的发展、国家边疆的安稳都有着特殊的意义，而对国门学校构建可以从三个方面进行：第一，以培养高素质边民为目标；第二，开发特色课程充实学校课程；第三，利用社会资源完善支持体系。王枬、柳谦（2013）调查了桂滇边疆国门学校，认为边疆国门学校所处的特殊环境使其在承担一般教

① 黄健毅. 广西边境学校历史发展研究 [J]. 广西民族师范学院学报，2010（6）：142 - 144.
② 王枬，黄健毅. 广西边境学校职能现状的调查研究 [J]. 教育研究，2011，3.

育职能之外，还表现出三个突出的特点：第一，边疆学校的"国门性"；第二，国民身份的"认同性"；第三，生源结构的"民族性"。因而，边疆国门学校的发展应注意以国门学校提升国家形象，以国民教育强化国家认同，以民族文化促进国际理解。

赵曙在他的硕士论文《边疆教育安全视域下的国门学校发展研究》中从教育安全的角度分析了国门学校发展中存在的问题对边疆教育安全的影响。第一，国门学校发展滞后影响国家教育形象；第二，国门学校办学水平不高影响边疆教育质量安全；第三，国门学校的社会认可度不高影响边疆人才安全；第四，国家认同教育薄弱影响边疆教育内容安全。由此提出了相应的建议：第一，明确国门学校发展目标定位，完善政策、加大经费投入，提高国门学校的教学质量，丰富教学内容，充分体现边疆教育特色；第二，高度重视边疆教育安全问题，构建边疆教育安全的预警机制，充分发挥国门学校在维护边疆教育安全中的作用。

（三）国门学校中的国民教育研究

王枞在论文《边疆村落中的国门学校——广西大新县硕龙镇 L 小学国民教育研究》中认为，"国门学校的国民教育是指对边疆学生进行'我是中国人'的教育，目的是强化边疆学生对国家的情感归属感。位于中越边疆线上的 L 小学是一所典型的国门学校，无论是日常环境、升旗仪式，或是课程安排中都体现出了自觉的国民教育。影响国民身份认同的因素主要有学校教育、经济发展及政策因素。国民身份认同教育主要包括国家象征教育、语言文化教育、历史地理教育、国家成就教育等内容。国民身份认同教育应本着有意而为、因地制宜的原则，通过编制乡土教材及开设校本课程、发挥校园环境的教育功能、渗透于学科教学中、渗透于日常活动中等途径进行国民教育"[①]。

（四）广西边疆民族地区教育社会化研究

陈新花、李珍连在《广西边疆民族地区农村留守儿童的社会化差异分

---

① 王枞. 边境村落中的国门学校——广西大新县硕龙镇 L 小学国民教育研究［J］. 西北师大学报（社会科学版），2013，1.

析——以崇左市龙州县金龙镇的儿童个案调查为例》中通过调查结果表明对留守儿童社会化差异产生影响的主要因素包括监护人的教养方式、学校的管理方式，以及亲戚与同辈群体三个方面。王秋香在《强势与弱势的错位：农村留守儿童社会化问题分析》中提出农村留守儿童在社会化过程中，主要动力因素中的家庭及学校处于弱势状态，同辈群体与大众传播媒介则补位过度，出现强势与弱势的错位，严重影响了其正常社会化。陈新花所著《广西边疆民族地区农村留守儿童社会化的实证研究——以龙州、天等两县为例》采用自编式调查问卷的方式对广西边疆民族地区留守儿童与非留守儿童在生活技能、劳动负担、学习情况、社会交往、社会道德规范、消费观念、生活目标、性格与行为特征、自我意识九个方面展开调查，归纳出广西边疆民族地区留守儿童社会化面临的主要问题，并从国家的宏观政策，社区、学校、家庭这几个方面提出了相关的建议与措施。黄流然、龙耀所著《试析中越边疆广西青少年语言社会化与外语教育体制的冲突》分析了广西边疆民族地区青少年在现行外语教育体制的约束下难以通过正规的教育渠道接受越南语教育，却被迫接受价值定位和环境定位都不合理的英语教育，难免产生了语言社会化定位冲突的问题，建议广西边疆民族地区的外语教育应主要面向东盟国家，大力培养东盟国家语种的外语人才。

二、广西边疆民族地区教育发展面临的主要问题及对策

（一）广西边疆民族地区教育发展的主要问题

首先，义务教育非均衡发展。虽然改革开放后，我国推行的"国家贫困地区义务教育工程""兴边富农"等举措为广西边疆民族地区的基础教育发展带来了一定的实惠，但由于历史、地理等因素，广西边疆民族地区的教育还是远远落后于我国发达地区，并存在双重不均衡：一是边疆民族地区与广西发达地区相比，存在一种区域性不平衡；二是边疆县市内部存在城乡不平衡。这种双重不平衡的叠加，使得广西边疆民族地区的教育显得愈发落后和非均衡发展。其次，教育资源不足，办学条件整体落后。例如，学校硬件设施不够完善，不能适应现代化全面发展的教学需要；师资极度短缺，"一师

多科""一师多岗"现象依旧存在。再次，特色发展不全面、系统，偏重形式化。边疆民族地区一些学校在传承民族音乐、民族舞蹈、民族体育的过程中，只是关注到技术层面的内容，仅仅是教会学生们一些外在的技能，如仅仅是会唱民族歌、会跳民族舞，而其内在所蕴含的丰富的历史文化并没有随之得到传承。这些课程更多的是凭教师的经验进行传授，并没有形成系统、规范的课程资源、教学模式等。最后，边疆民族地区留守儿童和辍学儿童的教育问题，存在一定的特殊性，比如国家安全、民族认同和国家认同感、军事及战争因素等。

（二）广西边疆民族地区教育发展的对策

钟海青、高枫（2011）认为，发展边疆民族地区民族教育事业，应考虑"从边疆民族地区教育的基本特点和发展规律出发，采取理论分析和实证研究，围绕质量保障与特色发展两大主题，政府应从国家安全战略高度，确立边疆民族地区教育发展水平高于内地的目标，在边疆民族地区率先实现教育现代化的目标；发展边疆民族教育必须采取特殊的政策措施，依靠党和政府继续对边疆民族地区民族教育实行扶持政策，加大经费投入是边疆民族地区教育发展的根本保证；应加大中央、省级政府对边疆教育的财政责任和转移支付力度，将边疆民族地区的教育投入由'以县财政投入为主'转变为'以省财政投入为主'；发展边疆民族地区教育，既要遵循教育的一般规律，也要充分考虑边疆民族地区民族教育的特殊性"。除了政策与经费方面，欧阳常青提出："边疆民族地区学校要立足于已有优势，以内生性力量促进学校发展，形成特色，造就品牌。如加强爱国主义、民族团结教育课程资源、边疆民族地区学校涉外课程资源、少数民族文化课程资源开发；学生和家长必须处理好近景发展与远景发展间的关系，树立长期发展的信心。"[①] 王启慧在《办好边疆民族教育的几点思考》（1992）中提出改革传统的中学教育方法与内容、大力兴办职业教育高中，适当增加职高在中学中的比例，稳定教师队伍，高等院校（尤其是民族院校）对边疆民族地区采取扩大定向招生或保送的办法，充分利用高

---

① 欧阳常青. 广西边境民族地区教育发展的前景、定位及路径［J］. 边疆经济与文化，2011（6）：127 – 128.

校、民族院校的办学条件等方面的建议。黄敏（2007）在《边疆农村初中生思想道德问题分析及教育对策研究——以靖西县中越边疆乡镇初中生为研究对象》一文中，通过对靖西县五所边疆农村初中和县城三所初中学生思想道德现状的对比分析，试图找出边疆农村初中生和县城初中生思想道德存在问题的差异，并着重研究边疆农村初中生思想道德问题的成因和解决问题的对策。王光荣对广西那坡水弄苗寨教育状况进行调查研究，得出结论："广西那坡水弄苗寨边疆民族教育仍处于瓶颈滞后状态。主要问题为成人教育沉滞；'两基'工作任重道远；学校教学质量低劣等。改善这种情况需要从思想教育入手，结合采取其他技术措施，包括对边民的人格观念教育，教师人事制度改革和教学业务培训，努力提高边民素质和学校教学质量，以促进边疆民族经济的繁荣，促进边疆现代化的建设，增强国力，提高我们祖国在国际上的威信。"①

三、广西边疆学校教师问题研究

钟海青在《加强教师队伍建设：边疆民族教育脱贫的重要基础》（2017）一文中提出，当前我国边疆民族地区教师队伍面临年龄结构老化、教师编制配比不合理、农村小学教师严重紧缺、连片特困地区乡村教师生活补助办法欠妥、教师工资待遇偏低、农村中小学教师住房短缺等问题。建立和完善边疆教师激励保障机制，大幅提高边疆教师工资待遇，修订、完善边疆中小学教职工编制标准，创新边疆农村教师补充机制，加大教师教育力度，加强教育对口支援，建立国家级边疆教师荣誉制度和职称晋升制度，帮助边疆民族地区建设稳定的教师队伍，这是边疆民族教育脱贫的根本保证。张立玮（2016）立足于广西大新县义务教育教师队伍建设实际，在结合相关政策法规的基础之上，总结广西边疆民族地区在义务教育教师队伍建设发展方面取得的成绩和基本的经验，剖析大新县在义务教育教师队伍建设中遇到的困境及其原因，提出广西边疆民族地区义务教育教师队伍建设具有特殊性，义务教育是教育的基础，教育

---

① 王光荣. 边境民族教育的瓶颈与对策——广西那坡水弄苗寨教育状况的调查与思考 [J]. 广西师范学院学报（哲学社会科学版），2005，26（4）：16－21.

的发展关键在教师。义务教育教师队伍建设是全面振兴边疆民族地区的社会发展的关键性因素，为边疆民族地区的教育发展及相关政策制定提供有效的依据。史言涛（2017）分别从边疆县教育行政部门、边疆农村小学校领导、边疆农村小学教师三个角度了解和分析边疆农村小学教师的基本现状。探讨在党的十八大之后广西边疆农村基础教育发生的变化，以及目前边疆农村小学教师存在的问题和原因。进而得出结论：政府制定可行政策并加大执行力度；构建和谐校园和利益激励体制；提高教师的综合素质机制。最后，基于以上认识，为使基础教育更好地促进广西社会发展，各市县人民政府以及教育行政主管部门结合实际情况制定行之有效的措施和政策，提高边疆民族地区农村小学教师队伍整体素质，是实现义务教育均衡发展的保障。张亚兵（2011）对广西边疆国门学校教师生存状况进行调查研究，分别从教师物质生活状况、专业生活状况、身心健康自我感知状况三个方面，并通过大量的事实和数据来呈现存在的问题及产生的原因，进而提出相应的建议：第一，进一步加大教育投入，改善边疆国门学校教师的工资待遇和社会地位；第二，建立科学合理的教师继续教育和教育科研制度，切实提高教师专业素质；第三，大力开展旨在改善教师身心健康状况的活动，提升教师的生活品质；第四，教师要加强自我发展意识，改善自身的生存状况。

四、广西边疆民族教育在其他方面的研究进展

（一）传承民族文化

龙滢在其博士学位论文《民族文化传承中的京族教育特色研究》（2012）中认为，民族地区学校特色发展的目的不仅在于传承少数民族优秀的非物质文化遗产，更在于通过对个体文化差异性的关注，挖掘和总结出符合学生成长特点的教学方式方法，以实现学生最大发展。民族地区学校办学特色的形成应遵循学校教育的一般办学规律，结合自身资源优势，使社区、学校、家庭三个方面基于学生的成长和发展有机结合，构建起三位一体的合作发展模式，努力建设和完善具有鲜明个性的学校办学特色。

（二）边疆民族地区县域教育发展规划研究

张进清、张宏宇（2017）研究认为，边疆民族地区县域教育发展规划具有边疆性、民族性、发展性、独特性等特征。广西边疆民族地区 C 县在国家和省（区）教育发展规划的引领和带动下，制定和实施了相应的教育发展规划及配套措施，虽然取得了显著成效，但仍存在凭"经验"编制规划、规划实施缺乏自主性和相对独立性等问题。应建立上下联动、统筹协调、特殊保障、评估考核、执行监督等有效机制，以提升边疆民族地区县域教育发展规划制定与实施的能力和水平。

通过查阅大量文献分析发现，我国学者对广西边疆民族地区教育发展的研究侧重于现状、问题分析与对策研究，主要运用文献法、调查法、访谈法等研究方法，理论思辨以及创新性略有不足。随着国家对边疆民族地区的政策不断丰富完善，当地政府、学者、学校、家庭、个人齐心协力，相信我国边疆民族地区的教育发展会越来越繁荣。

参 考 文 献

［1］国务院新闻办公室.广西壮族自治区的民族与人口［EB/OL］.http：//www.scio.gov.cn/ztk/dtzt/04/08/3/Document/391891/391891.htm.

［2］黄健毅.从边境学校走向国门学校［D］.桂林：广西师范大学，2010：15.

［3］王枬，黄健毅.广西边境学校职能现状的调查研究［J］.教育研究，2011，3.

［4］黄健毅.广西边境学校历史发展研究［J］.广西民族师范学院学报，2010，27（6）：142－144.

［5］王枬，柳谦.在国民教育中强化国家认同——桂滇边境国门学校调查研究［J］.广西师范学院学报（哲学社会科学版），2013，49（5）：1－6.

［6］赵曙.边境教育安全视域下的国门学校发展研究——以云南省河口县为个案［D］.昆明：云南师范大学，2013：79－89.

［7］王枬.边境村落中的国门学校——广西大新县硕龙镇 L 小学国民教

育研究 [J]. 西北师大学报（社会科学版），2013，1.

[8] 陈新花，李珍连. 广西边境地区农村留守儿童的社会化差异分析——以崇左市龙州县金龙镇的儿童个案调查为例 [J]. 西北人口，2008（2）：104-106.

[9] 王秋香. 强势与弱势的错位：农村"留守儿童"社会化问题分析 [J]. 理论月刊，2007（1）：16-19.

[10] 陈新花. 广西边境地区农村留守儿童社会化的实证研究——以龙州、天等两县为例 [D]. 桂林：广西师范大学，2008.

[11] 黄流然，龙耀. 试析中越边境广西青少年语言社会化与外语教育体制的冲突 [J]. 法制与经济，2007（10）.

[12] 蒋珍莲. 边境民族地区教育发展的问题及策略探析——以广西边境民族地区为例 [J]. 边疆经济与文化，2013（10）：49.

[13] 钟海青，高枫. 守望边疆教育：广西边境民族地区教育质量保障与特色发展研究 [M]. 北京：人民出版社，2011.

[14] 欧阳常青. 广西边境民族地区教育发展的前景、定位及路径 [J]. 边疆经济与文化，2011（6）：127-128.

[15] 王启慧. 办好边境民族教育的几点思考 [J]. 广西大学学报（哲学社会科学版），1992（1）：95-97.

[16] 黄敏. 边境农村初中生思想道德问题分析及教育对策研究——以靖西县中越边境乡镇初中生为研究对象 [D]. 桂林：广西师范大学，2007.

[17] 王光荣. 边境民族教育的瓶颈与对策——广西那坡水弄苗寨教育状况的调查与思考 [J]. 广西师范学院学报（哲学社会科学版），2005，26（4）：16-21.

[18] 钟海青. 加强教师队伍建设：边境民族教育脱贫的重要基础 [J]. 中国民族教育，2017（1），16-19.

[19] 张立玮. 广西边境民族地区义务教育教师队伍建设研究——以大新县为例 [D]. 南宁：广西民族大学，2016.

[20] 史言涛. 广西边境农村小学教师队伍建设问题研究 [D]. 南宁：广西民族大学，2017.

[21] 张亚兵. 广西边境国门学校教师生存状况调查研究 [D]. 桂林：广

西师范大学，2011.

〔22〕龙滢．民族文化传承中的京族教育特色研究——以潙尾村京族学校为个案〔D〕．北京：中国人民大学，2012.

〔23〕张进清，张宏宇．边境民族地区县域教育发展规划研究——以广西边境民族地区 C 县为例〔J〕．民族教育研究 2017，28（6），12 - 19.

云南边疆民族教育文献综述
（1988～2018 年）

刘　莞[*]

摘　要： 为了找到当前云南边疆民族教育中存在的问题并探析其原因，提出当前云南边疆民族教育发展的对策，本文运用文献资料法，对 1988 年起云南边疆民族地区的民族教育研究进行文献梳理，分析云南边疆民族教育的现状和原因，得出发展云南边疆民族教育的对策是大力推进边疆民族地区教育的发展、实现边疆民族地区的教育转向、促进边疆民族教育的国际交流与合作、实现不同民族群体多样化发展。

关键词： 云南；边疆；民族教育

一、引言

云南省边疆民族地区与缅甸、老挝、越南三个国家接壤，边疆线长达4000 多公里，沿边线有 16 个少数民族跨境而居，是我国少数民族居住最多的边疆民族地区。从一定意义上来说，教育决定国家和民族的未来，是一个国家和民族最重要的事业。由于边疆民族地区的特殊地理位置和意义，发展云南边疆民族教育对于云南教育体系来说至关重要。从云南民族教育发展的历史来看，1979 年 12 月，经云南省委宣传部批准，成立了云南省教育科学研究所，

---
*　刘莞，西南大学西南民族教育与心理研究中心硕士研究生。研究方向：民族教育。

并把民族教育研究列为重点方向。1980～1987 年先后进行了积极的调查研究工作，完成了多个少数民族教育历史与现状的调查研究，并取得了初步的研究成果。可以看出，云南民族教育研究工作真正是从 20 世纪 80 年代初才开始的，而云南省边疆的民族教育研究也是在这个时间开始的。因此，本文综述了 1988～2018 年云南边疆民族教育的发展情况，分析了云南边疆民族教育的现状、因素以及发展对策，有效展示现有研究成果的概貌，为今后边疆民族教育研究拓展视野，有益于获取边疆民族教育发展的启示，最终促进边疆民族教育的发展。

二、云南边疆民族教育的现状

（一）云南边疆民族教育的主要成就

自 1988 年开始，云南边疆民族教育取得了丰硕的研究成果，主要表现在办学条件、师资队伍、教学质量和体系、教学政策、教学经费等各个方面。这显现出云南边疆教育事业的发展成效显著。

1. 边疆民族地区基础教育事业发展显著

自 1988 年开始，云南省边疆民族地区基础教育事业得到了显著的发展。王锡宏（1989）指出，云南五个边疆州已初步形成了一个从初等教育到高等教育，从普通教育到职业教育，从幼儿教育到成人教育，从正常教育到特殊教育的多形式、多层次、多规格、具有地方特点和民族特色的教育体系。王景、杨楠（2017）指出，随着国家建设项目的相继启动和实施，为改善农村中小学的办学环境和教学条件提供了资金支持和制度保障，在学校硬件资源建设方面取得了卓有成效的实际效果。由此可以看出，云南边疆民族教育在学校体系和办学条件上取得了巨大的进步。

2. 学校教学质量、教师教学水平提高

王景、杨楠（2017）通过调查家长和学生对学校教育的满意程度分析，发现家长和学生对学校教学质量和教师的教学水平十分满意。由此可以看出，随着学校的重视和教师自身的努力，学校教学质量和教师的教学水平现在逐年都在提高，呈现出优良的发展态势。

3. 双语制教学体系初步规模化

李道勇（1988）指出，云南边疆民族地区德宏州双语教学开展得比较好，全州 850 多所民族小学，绝大多数都已执行双语制教学，已有 300 多所开设了民族语文课。德宏州进行双语教学的具体做法是，小学低年级以民族语言为主，随着年级的升高相应增加汉语课比例。这也体现出双语制教学体系的初步规模化发展。

4. 国家政策支持力度加大

李怀宇（2004）指出，近些年云南边疆民族地区民族教育在各级政府的重视与支持下获得了较大发展。"三免费"（免课本费、文具费和杂费）在很大程度上解决了边疆少数民族适龄儿童失学、辍学和外流的问题。2002 年，云南省将"三免费"教育扩大到边疆沿线 112 个乡镇的小学生和 53 个省定边疆扶贫攻坚乡的初中生及 7 个人口较少少数民族、藏族聚居区的中小学生，"三免费"专项经费增至 5167 万元，使 24 万名贫困的中、小学生享受到了"三免费"教育。2000 年以来，云南省累计安排资金 1. 31 亿元，使边疆民族地区 32 万名中小学生受益。截至 2003 年底，边疆民族地区的辍学率下降了 3 个百分点，学生向境外流动的情况得到一定程度的遏制。[①] 这表明，国家对于云南边疆民族教育问题越来越重视，并且出台了更多的优惠政策来解决少数民族学生的学习问题，支持少数民族学生学习。

云南边疆民族教育取得的显著成就，不仅关系着云南边疆教育的发展，同样也代表了云南省教育水平的直线提高，并且也彰显出中国教育发展水平的显著飞跃。同时，我们应该站在云南边疆民族教育当前的成就基础上，继续发展教育优势，促进教育发展。

（二）云南边疆民族教育面临的问题

尽管云南边疆民族教育在近些年取得了一定程度的发展，国家和政府也越来越关注与重视边疆民族教育，但是由于历史、社会、经济、文化和地理等因素，云南边疆民族教育仍然面临着众多的问题。这些问题主要集中于：学生失学或辍学以及求学愿望低、教师对现行制度不满所造成的流动性大、边民对国家和民族的认同感过低、双语教学困难、教育经费投入不足、教育竞争增大、教育观念落后、"撤点并校"的影响等。

1. 教师的流动性较大

李孝川（2014）对有关教师在边疆民族地区工作的满意度调查的统计数

---

① 李怀宇. 云南边境地区少数民族教育的困惑与反思 [J]. 民族教育研究，2004（6）：5 - 9.

据呈现的结果表明，边疆民族地区教师普遍表现出对在边疆民族地区工作不满意，这在很大程度上是由边疆民族地区较为恶劣的生态环境导致的。张曙晖（2018）指出教师任务加重，很难吸引优秀人才。在边疆民族地区任教，条件本来就艰苦，合并办学之后，大多数学生需要在学校内寄宿，由于班额增加，教师的工作量随之加大，加之这些孩子年龄较小，教师在完成教学任务的同时，还要照顾孩子的饮食起居，这样一来，边疆农村学校教师工作的繁重容易使人避而远之，吸引人才也就变得异常艰难。由此可以看出，边疆民族地区的师资问题仍是一个艰难的问题。边疆民族地区艰苦的条件之下，教师的流动性较大，稳定性弱，难以留住和吸引优秀的教师人才。

2. 边民对国家和民族的认同感过低

李孝川（2014）在实地的调查过程中，发现在很多边疆民族地区，少数民族成员对于国家政治和主体文化的理解并不深，甚至缺乏基本的了解。近年来，在文山州和临沧地区出现了边民搬迁到境外生活的情况，究其原因在于境外政府不断加强对边疆沿线与我国接壤地区的经济文化建设，以极大的优惠政策吸引我国境内的少数民族群体。由此可见，云南边疆沿线一带少数民族的国家和民族认同感是处于不平衡状态的。因此，国家需要采取一些相应的措施，加强边疆沿线边民对国家和民族的认同感，强化民心，保证边疆民族地区的教育安全。

3. 教育经费投入不足导致教育竞争增大

曹贵雄（2015）指出，与越南相比我国综合国力较强，但教育经费投入却与越南差距不明显。在越南政府特殊教育政策的支持下，其边疆民族地区教育发展水平已经追赶或是超过了我国边疆民族地区的教育水平。越南尽管综合国力较弱，但在教育方面的人力、物力投入却不逊于我国。可以说，我国在边疆民族地区的教育投入方面，与国力是不太相称的，这值得我们去反思。张曙晖（2018）指出在有限的收入境况下，大多数边疆村在教育投入方面往往捉襟见肘，尤其是高中之后的教育投入更是难以为继，教育转向若没有经济快速增长作为支撑则难以实现。由此我们可以看出，我国教育经费在投入上明显不足。正是由于不足，使得边疆教育发展缓慢而滞后，这造成了教育发展的巨大障碍，也使得边疆教育竞争日益增大。

4. 学生失学或辍学率高

马丽娟（2009）认为，"沿边一线"民族地区教育出现的问题是学生失学或辍学，同时还伴随着学生"厌学"。学生的学习积极性普遍不高，行为特征是缺少主动性。造成这些问题的原因，除了贫困因素之外，还包括部分边疆少数民族较落后的教育观念和思想。

虽然当前云南边疆民族教育存在着这一系列的问题，国家和政府还是应该积极地去应对。作为研究者，也应该积极探寻出现当前问题的原因，对原因进行分析，找出解决当前问题的有效策略，以促进边疆教育的继续发展，为边疆民族教育指出更为明朗的发展方向。

三、云南边疆民族教育存在问题的原因分析

由于历史、社会、经济、文化和地理等因素，云南边疆民族教育仍然面临着众多的问题。对于这些问题，许多学者进行了原因探析，本文综述了其中典型的原因分析，以期更好地解析云南边疆民族教育的问题所在。主要原因可以分为以下几点：办学条件差、师资力量薄弱、双（多）语教学困难等。

（一）办学条件差

李怀宇（2004）提出近几年来，中央和省财政对边疆民族地区教育的专项投入主要用于"三免费"和边疆中学及寄宿制学校的建设。而要在短时间内使边疆沿线乡村中小学办学条件完全满足教学需要仍面临着较大困难。

（二）师资力量薄弱

王锡宏（1989）认为云南边疆民族教育存在问题的主要原因是师资力量薄弱，表现在师资数量不够、师资质量不高和师资队伍不稳方面。王自坤（2015）提出边疆民族地区师资力量薄弱，要优化教师结构，提高教师的整体综合能力，促进青年教师的教学技能提升。教师是学生学习的组织者和领导者，是教学活动的重要人员。师资力量薄弱会直接影响边疆民族地区的教学质量水平，导致边疆民族地区教育落后。

（三）双（多）语教学困难

李孝川和王凌（2014）指出多民族杂居的实情带来双（多）语教学工作

的困境。目前国家出台的政策和开展的各种形式的培训，主要是针对"单一少数民族＋汉族"的两个民族杂居地区实施的双语教师培训，培训的预设是"教师精通民族语言，但汉语表达不畅"，对少数民族教师进行汉语培训，"双语"即可。而云南省存在多语言、多文字、多民族杂居的特殊实情，教师一般都具备良好的汉语表达能力，欠缺的是不同民族语言的表达能力。大多数在沿边线一带从教的汉族教师，要开展双语教学，就必须进行第二语言（民族语）的培训；如果教师自己就是少数民族，已经具备汉语和本民族语的表达能力，但由于少数民族学生往往不只是一个民族，而是涉及多个民族，这就需要对教师进行多语培训，才能满足教学的需要。

教育的发展离不开国家和政府的支持，也离不开广大教师和研究者的辛勤付出。分析出现云南边疆民族教育问题的具体原因之后，可以对原因进行深入的剖析和解释，针对具体问题采用与之相对应的策略，才能最大限度地促进其发展。

四、发展云南边疆民族教育的对策

边疆民族教育的未来趋势总体上是更加卓越的发展。自新中国成立和改革开放以来，国家已经采用了各种对策来促进云南边疆民族教育的发展，在一定程度上缓解了边疆教育出现的问题，取得了一系列的成就。但是就当前云南民族教育而言，由于各种复杂的因素，仍然存在着诸多问题，因此需要国家和政府乃至人民倾注更多的心血投入在此。重视和发展云南边疆民族地区教育问题，不仅可以提高少数民族整体教育水平和人口教育素质，增加民族多样性和民族认同感，发扬民族特色文化和培养民族优秀人才，还可以促进云南民族地区的经济发展，推动民族社会朝着更加进步的方面迈进，进而增加边疆民族地区的民族团结，最终推动祖国边疆民族地区的长久治安和繁荣昌盛。

（一）大力推进边疆民族地区教育的发展

大力推动我国边疆民族地区少数民族教育的发展，应重点面向当前教育问题最为严重和普遍存在问题的领域，如强化义务教育均衡发展、加大师资队伍建设、重视现代信息技术与时代观念、增强教育经济的投入等。

党的十八届三中全会再次重申"大力促进教育公平，逐步缩小区域、城乡、校际差距"。义务教育作为纯公共产品和基本公共服务，其均衡发展是促进教育公平的重要手段，是社会公平正义在教育领域的延伸和体现，也是当前义务教育改革的最高呼声。云南边疆民族地区，由于位居山区、贫穷、文化隔绝、民族众多等因素，其义务教育发展出现了明显不均衡的现状，这完全有悖于义务教育均衡发展的要求。因此，义务教育均衡是当前和未来云南边疆民族教育发展的重要趋势。彭义敏（2014）通过调查研究发现云南边疆民族地区义务教育在社会经济发展、经费投入、办学条件、师资水平、办学质量及效益五个方面存在严重不均衡，并且有针对性地从健全公共管理制度、完善政策保障体系、实施资源均衡发展工程、营造良好发展环境四个层面，提出促进云南边疆民族地区义务教育均衡发展的策略。

教育是立国之本，边疆民族地区师资队伍建设的好坏直接影响着教育的质量和发展，没有好的教师，何谈好的教育。因此，边疆民族地区师资队伍建设尤为重要，所以师资问题是边疆民族教育未来卓越发展必须要解决的问题，不仅关系着边疆民族地区教育的发展和人才问题，也关系着边疆民族社会经济的发展。张立玮（2016）指出要提高义务教育质量，促进我国教育的公平发展，要有国家和地方的切实政策关怀，以及社会各界的尊敬与爱护，留下教师、留住希望，使边疆民族地区的义务教育教师能够幸福生活，有稳定、舒心的工作，吸引更多优秀人才到边疆民族地区任教。大力推进我国边疆民族地区教育的发展，使边疆民族教育在未来有着更为卓越的发展，其中必须谈到的是与时代紧密相连的现代信息技术的发展。信息化时代被称为是一个"知识爆炸"的时代，电子技术、通信技术、信息处理技术的高速发展，大量的电子多媒体的开发与应用，为教育教学的信息化发展提供了新的机遇。信息技术的引入与应用在边疆民族学校汉语教学中，一定程度上缓解了汉语教学在师资、教材、教法上的问题。内地学校的汉语教学在信息技术的优化作用下，在教学环境、教学资源、教学方法等多方面有了显著提升，汉语教学效果得到广泛认可。信息技术为汉语教学提供了更丰富的信息资源与工具，能优化边疆民族学校汉语教学实效，继而支持边疆民族学校汉语教学的良性发展。

（二）实现边疆民族地区的教育转向问题

边疆少数民族教育发展要从传统僵化的教育模式转向主动选择综合创新的

教育模式，从封闭落后的教育观念转向开放进步的教育观念，从刻板僵硬的教育政策转向灵活变通的教育政策等。在教育转向中，应该注重教育问题的主体，以农民和农村为主体对象，在当前国家教育政策的扶持下，与政策相互融合，促进少数民族地区经济繁荣昌盛和社会和谐，使其得到最大效益的发展。同时还应该注意发展本民族特色，在利用自身民族特有的资源和优势的基础上，促进少数民族团结，进而弘扬中华文化。

王国强（2009）对云南边疆民族地区基础教育做出思考，认为应该加大对沿边跨境民族基础教育的政策扶持；着力解决群众生产生活困难，将边疆沿线跨境聚居的贫困自然村，优先纳入国家整村推进实施范围，加快脱贫步伐；借鉴周边国家的边疆教育政策和措施，在边疆民族地区进行特殊的教育竞争以稳定边疆和加强民族团结。实现边疆民族地区的教育转向问题，重点致力于以下几点：第一，抓住"全面改薄"的契机，为边疆教育转向创造条件；第二，加快边民经济增收，政府教育经费投入应充分遵循"因地制宜"的原则，为边疆教育转向奠定经济基础；第三，转变教育观念，改革办学体制，大力发展职业教育，为边疆教育转向扫除重点障碍；第四，动员社会支持，发展学前教育，为边疆教育转向提供正确的切入导向；第五，重视学生安全，消解"撤点并校"后遗症，关注留守儿童的心理疏导，为边疆教育转向提供安全环境。

（三）促进边疆民族教育的国际交流与合作

进入21世纪之后，中国的国际地位日益提高。在身为世界大国的前提下，为了实现"两个一百年"的奋斗目标，中国与国际的交流日益紧密，这不仅使得我国的政治能力、经济增长水平有了明显提高，而且使教育领域也得到了飞速的发展。中国的边疆民族地区得到全方位的开放，教育交流也日益频繁。因此，在中国的边疆民族地区，要增强边疆民族教育的国际交流与合作。边疆民族地区教育问题关系着国家的安全重点。纵观历史，中国边疆民族地区出现了常年的教育竞争问题，特别是云南边疆。边疆邻国试图通过众多教育优惠政策吸引更多的边疆少数民族居民到他国学习、就业、生活等，这不仅造成少数民族国家和民族认同感弱化，而且给我国带来了很多的国家安全问题。由此可以看出，增加边疆民族教育的国际交流与合作刻不容缓。我们应该充分认识边疆教育的战略地位、优先发展边疆教育；建设多维开放、互动的安全保障体系；树立文化自觉意识，建设开放、开明的现代中国边疆多元文化；提升边疆民族地区学校的跨境教育水平；合作治理各种跨国联动的文化极端主义活动。

（四）实现不同民族群体多样化发展

中国云南边疆民族地区有着 16 个少数民族，广西边疆民族地区有着 15 个少数民族，在新疆、内蒙古、延边地区的边疆也有着多个民族。在这种特殊且又复杂的情况之下，如何发展边疆少数民族教育是一个复杂而又严峻的问题。不能将所有民族统一化看待，更不能把他们放在一个标准和一个框架下去发展，每个民族都是独立的民族主体，因此我们应该重视不同民族的群体，实现多样化民族发展。这是在发展边疆民族教育的过程中最困难也最容易被忽视的一点。所以，在边疆民族教育的未来发展之中，我们要更加强调发展民族特色、发扬民族文化，增加少数民族人民的民族认同感，促进民族团结。在具体的措施之下，要继续发展双语或多语办学与教育，深入具体少数民族进行因材施教，坚持具体问题、具体民族的具体分析。尚苗（2016）指出要大力发展双语、多语及非通用语言教育，保障民族教育发展基础。在边疆民族地区，通过设立语言研究院，督促学校开发设置非通用语种课程，大力发展非通用语种的教育。也只有掌握了双语、多语和非通用语种，才能在跨文化交往中更好地展现本民族的优势，更好地传承边疆民族传统文化。

参考文献

[1] 陈月明丹，李劲松．近 20 年云南民族教育研究综述 [J]．学术探索．2004（4）：60 - 64.

[2] 王锡宏．云南边疆民族教育调查综述 [J]．民族教育研究，1989（1）：84 - 96.

[3] 王景，杨楠．云南边境地区农村基础教育发展状况与政策建议 [J]．学术探索，2017（7）：141 - 145.

[4] 李道勇，王锡宏．滇边民族教育考察随感 [J]．中国民族，1988（11）：18 - 19.

[5] 李怀宇．云南边境地区少数民族教育的困惑与反思 [J]．民族教育研

究，2004（6）：5 - 9.

［6］李孝川. 云南边境地区民族教育的发展困境与出路［D］. 上海：华东师范大学，2014. 76 - 161.

［7］张曙晖. 云南边疆少数民族教育转向的困境与路径——基于"边疆 7 村"的实证研究［J］. 学术探索，2018（3）：152 - 156.

［8］曹贵雄. 滇越边境地区教育现状及优惠政策比较研究——以云南金平县和越南莱州省为例［J］. 内蒙古师范大学学报（教育科学版），2015，28（8）：35 - 37.

［9］马丽娟. 云南边疆民族地区基础教育中的主要问题和对策［J］. 民族教育研究，2009，20（6）：71 - 74.

［10］李孝川，王凌. 云南边疆沿线学校教育发展现实困境阐析［J］. 学术探索，2014（1）：145 - 147.

［11］王自坤. 云南边疆少数民族地区基础教育现状分析与对策研究——以江城县为例［J］. 教育现代化，2015（8）：19 - 22.

［12］王国强. 云南边疆民族地区基础教育的现状及思考［J］. 河北师范大学学报（教育科学版），2009，11（5）：71 - 74.

［13］彭义敏. 云南边疆民族地区义务教育均衡发展研究［D］. 昆明：云南财经大学，2014.

［14］张立玮. 广西边疆民族地区义务教育教师队伍建设研究——以大新县为例［D］. 南宁：广西民族大学，2016.

［15］金德新. 基于电子技术基础的信息化教育分析［J］. 电子技术与软件工程，2016（14）：227 - 228.

［16］李琴. 信息技术优化中缅边疆民族学校汉语教学的路径研究［D］. 重庆：西南大学，2017.

［17］王国强. 云南边境地区教育交流合作的战略分析［J］. 保山学院学报，2012，31（2）：92 - 96.

［18］尚苗."一带一路"战略背景下云南边疆民族教育发展路径研究［J］. 兰州教育学院学报，2016，32（7）：48 - 49.

"互联网+"背景下边疆民族地区教师信息素养的分析与思考

彭　娟[*]

摘　要： 大数据时代的到来，"互联网+"与教育的融合发展已成为主要趋势，中国的教育也正处于信息化的巨大变革之中。近年来，在"一带一路"倡议的背景之下，随着国家不断加快对边疆民族地区信息技术教育建设的步伐，我国边疆民族地区学校信息技术教育水平得到很大的提升，边疆民族地区学校信息技术教育得到了很大的发展。但是边疆民族地区学校信息技术教育的发展，还受到办学条件、地理环境、传统教育观念等因素的影响，发展步伐比较缓慢，边疆民族地区教师的信息素养有很大的提升空间。本文在探讨边疆民族地区教师信息素养现状的基础上，尝试对其进行理性的归因剖析，对边疆民族地区教师信息素养水平提升提出相应的建议。

关键词： "互联网+"；边疆民族地区；信息素养

在"互联网+"教育的指引下，教育信息化正在推动"信息技术"与"教育"的双向融合与创新。互联网带给教育的是包括教育观念、教学主体、教学资源、教学形态在内的多方面的转变。在"一带一路"倡议之下，国家加大对边疆民族地区教育的投入，我国边疆民族地区的教育硬件、软件建设发展迅速，微机室、多媒体教室、信息技术教材、信息技术课等一应俱全，部分

---

* 彭娟，西南大学西南民族教育与心理研究中心硕士研究生。研究方向：民族教育、教育技术。

有条件的学校还配备了专职的信息技术教师，但是教师的信息素养还很薄弱，在信息化时代之下，边疆民族地区的教师应该学会摒弃以通过教材向学生传授知识为目标的观念，在教学过程中充分利用在网络获取的信息，引导学生对教材内容深加工生成自己的知识体系，在此基础上，开展相关活动促进知识的掌握和能力的提高。

一、边疆民族地区教师信息素养的现状与特点

教师信息素养是指教师利用现代化的信息工具及丰富的信息资源使问题得到解决的技术和技能的综合素质。而对于边疆民族地区而言，由于大多边疆民族地区都处于较为偏远的地区，信息技术和获取信息资源的途径有限，导致边疆民族地区的教师信息素养整体不高，主要体现在以下三个方面。

（一）教师信息意识不强

信息意识是培养信息素养的前提，一个人具有了这种意识，才能够在其指引下培养信息素养。信息意识是指对信息和信息技术的了解、态度及情感的总和，集中体现为对信息知识和信息技术对生活、工作和学习提供帮助的认识。

调研结果显示，边疆民族地区的教师对信息意识总体认识不够。大多数边疆民族地区的教师缺乏对信息技术的学习动力和对信息资源获取的意愿，他们能够认识到信息对教育有促进作用，但具体在行为上往往没有太多的尝试，主要体现在本身对信息技术的掌握水平和将信息技术应用到教学的程度上。边疆民族地区教师的信息意识还表现在大部分教师对信息技术和知识的认知度不足，坚持传统的信息获取渠道，很难以开放的心态去接受新信息。

（二）教师信息知识不够

信息知识是提高信息素养水平的基础，没有信息知识就没有信息素养，信息知识包括信息理论知识和信息技术知识两部分。近几年，国家加大对边疆民族地区教育信息化建设的投入，但具体到对每个学校的多媒体基础建设方面仍显不足。边疆民族地区大多数学校的信息环境仍然很差，硬件和软件设施都严

重不足，受信息环境的影响，边疆民族地区的教师即使能够通过少量的培训途径获得一些信息技术知识，但实际条件的限制难以实施更多信息活动，有限的信息技术知识无法普及到这些教学教师身上。面对这种情况，直接导致边疆民族地区教师的信息理论知识匮乏。

（三）教师信息能力较弱

信息能力直接反映信息素养的水平，信息素养以信息能力为中心。由于边疆民族地区的教育经费投入不足，很多学校的计算机和网络资源几乎近于空白，导致多数教师利用信息技术进行检索、分析和获取信息的能力较弱。在日常教学过程中，边疆民族地区大多数教师往往满足于传统的板书讲授的方式，对计算机和网络媒介利用不充分，也缺乏利用信息技术将学科教学整合的能力。因此，虽然边疆民族地区的教师受限于客观条件，但也反映了教师信息能力的严重劣势。

二、影响边疆民族地区教师信息素养的因素

影响教师信息素养的因素是多方面的，既要从宏观方面考虑，也要从微观方面分析。针对边疆民族地区教师信息素养现状和特点，做归因分析如下。

（一）边疆民族地区基础教育信息化区域性失衡

我国基础教育信息化区域性失衡，使边疆民族地区教师信息素养培养缺乏重要的物质支持和条件。从整体情况来看，我国当前基础教育信息化水平极不平衡，尽管近年来国家非常重视边疆民族地区教育发展，出现了很多针对边疆民族地区的扶助性项目，但从整体上来讲，教育信息化区域性失衡仍然不容乐观。条件略好、规模略大、交通便利的地区更易得到帮助，如贫困区县的中心学校、示范学校等，而边疆民族地区的学校则少有人问津，这些学校在信息化设施方面还需有进一步的改善。有些边疆民族地区的学校只有少量的常规电教媒体，传统的文本资源仍然是大多数教师获取教学信息的重要途径。在自身发展缺乏动力又没有外部支持的情况下，信息化区域性失衡致使边疆民族地区教师信息素养相对于其他地区存在较大差距。

（二）学校对教师评价体系的影响

教师行为在很大程度上是以教师评价为导向的，教师信息素养水平的高低与教师评价导向密不可分。目前，影响边疆民族地区教师信息素养水平的评价因素主要存在两个方面的问题：一是教师评价内容问题。目前我国尚存在的应试教育现状不可避免地影响着教师评价的内容。对于升学率和区县级、校级统考成绩的追求，使许多贫困地区教师评价的内容狭隘和简单化。二是教师教学手段问题。只要能讲授与考试相关的知识，教师可以不懂得任何信息技术；只要能够使用传统的手段得到与考试相关的资料，就能满足基本的教学任务。甚至在某些边疆民族地区学校还存在这样一种怪现象：当区县教育部门为老师们组织信息技术培训时，因为没有"用"，既不能对教师提高学生考试成绩有明显帮助，也不是教师评价的硬指标，所以教师们即使有意愿也没行动，整个培训往往流于形式。

（三）师资培养模式影响边疆民族地区教师信息素养

近年来，边疆民族地区教师学历水平有很大提高，在师资培养中存在的某些问题也就成为影响教师信息素养水平的因素。在教师职前培养中，因为过去的师范教育对师范生信息素养培养的不重视，除近几年毕业的学生外，较早由师范教育培养出来的教师在信息素养方面非常缺乏。在职后培养中，因为培训者更多地把信息能力培养停留在媒体操作技能方面，特别是计算机操作技能的学习上，而忽视培养教师整合媒体技术与学科教学的能力，导致教师在教学过程中不能用信息理论来指导支持信息行为。在教学活动中，教师使用信息技术不过是把课堂灌输转化成"机灌"，信息技术的优势发挥不出来，反而要花费教师大量的时间与精力，效果也不理想。

边疆民族地区教师信息素养水平不高，不仅是因为缺乏信息资源，更多的是缺乏整合利用信息资源的意识；缺乏信息设备以及高效率地利用信息设备的能力；缺乏知识培训以及应用的观念、有力的评价导向和自身提升的动力与外部催化。

三、提升边疆民族地区教师信息素养的策略

边疆民族地区教师信息素养的提升需要从着重培养信息意识、加强信息知识培训和改进培养工作机制等方面着手，具体提升对策如下。

（一）培养边疆民族地区教师信息意识

对边疆民族地区教师来说，着重培养信息意识是提升信息素养的思想基础和动力源泉。信息意识的培养不是一蹴而就的事情，它是一个需要全面培养和逐渐渗透的过程，需要教育部门加快教育信息化建设的进程，将信息素养培训工作向边疆民族地区教师全面覆盖。

（二）提高信息技术教育资源的利用率

目前存在的一个突出问题是，不少边疆民族地区学校花费很大的代价配置的电教设备却处于闲置状态，根本没有发挥其应有的作用。主要原因是：一方面，有些学校管理不到位，领导与教师认识不够，使信息技术课流于形式，使计算机这种学习资源的重要作用没有充分发挥出来，甚至有的学校连计算机课也停了，多媒体教室等设备只是用来应付检查或教师上公开课做"表演"用的；另一方面，部分教师利用电教设备进行教学工作的主动性不高，非公开课或学校要求而不做准备，平时缺乏积累。笔者认为，这一方面与学校管理不到位有关，学校不但要加强对信息技术设备使用的管理，还要加强对教师自学业务的监督；另一方面，每一位教师还应从自身出发，从适应未来教育发展的需要出发，视提高自身业务素质为一种义务，努力加强学习，使电教设备充分发挥作用。

（三）加强边疆民族地区教师信息知识培训

在边疆民族地区教师以前的培训中没有重视信息知识的培训，急需进一步强化提高，考虑到民族地区小学资源的匮乏，应由市级教育部门安排信息技术专家深入民族地区小学校园中，开展有实效的信息技术知识培训，对在学习中有困难的教师进行指导，并引领学校信息化建设向健康方向发展。

（四）改进边疆民族地区教师信息素养培训工作机制

为解决边疆民族地区教师信息素养培训力度不够、效果不明显等问题，急需改进其培养工作机制。边疆民族地区的学校可以采取校本培训、集中培训和深造学习等多种方式相结合的形式，培训在设计安排上突出强调培养教师的动手能力。从自身条件出发，提高教师学习信息技术的积极性，配合教育部门做好教师信息素养培训工作，改进培训工作机制。

边疆民族地区教育信息化的发展关系着我国基础教育信息化的发展进程。要实现边疆民族地区教育水平的提高，建设一支高素质的民族地区小学教师队伍显得尤为关键，这就要求切实抓住信息技术这个突破口，努力提升边疆民族地区教师的综合信息素养，不断推进边疆民族地区教育均衡发展和素质教育的全面实施。

参 考 文 献

［1］张景生．现代教育中的教师信息素养［J］．电化教育研究，2001（3）：24－27.

［2］周海鹰，缪丽萍．论高校教师的信息素养［J］．黑龙江高教研究，2004（8）：71－72.

［3］王吉庆．信息素养论［M］．上海：上海教育出版社，2001.

［4］荣曼生．教师信息素养论［M］．黑龙江：黑龙江教育出版社，2012.

［5］刘云生．论"互联网＋"下的教育大变革［J］．教育发展研究，2015，35（20）．

［6］王轶，石纬林，崔艳辉."互联网＋"时代青年教师信息素养研究［J］．中国电化教育，2017（3）：109－114.

我国边疆民族地区教师专业发展的困境及出路探析

王　芳*

摘　要： 关于教师专业发展的研究自20世纪80年代开始到如今，国内外已有诸多成果。本文以教师专业发展对于边疆民族地区教育的特殊意义作为切入点，分析边疆民族地区教师队伍的内部发展需求和外部发展环境，探讨边疆民族地区教师在专业发展中面临的困境及如何从国家和地方的宏观层面、学校和教师群体的中观层面以及教师个体的微观层面共同寻求与边疆民族地区的发展相适应的解决途径。研究边疆民族地区的教师专业发展需求，对响应国家"一带一路"倡议，推动边疆民族教育事业发展及边疆国门教育合作与交流研究、促进我国教育均衡化发展及保卫边疆的稳定、民族团结和国家统一都有着深刻的时代意义。

关键词： 教师专业发展；边疆民族教育；边疆民族地区

我国是多民族国家，边疆民族地区由于历史的发源、地理区位、经济水平、人口迁徙等诸多原因，大多生活在区位相对偏远、发展水平较落后的少数民族融合地区，教育水平也普遍滞后。教师在教育体系中扮演着非常重要的角色，而现阶段，在我国边疆民族地区，无论是各学段还是各学科，师资数量短缺和质量低下的问题都比较显著。"提高中小学教师队伍整体素质，造就一支高

---

* 王芳，西南大学西南民族教育与心理研究中心硕士研究生。研究方向：民族教育。

素质、专业化教师队伍"是《国家中长期教育改革与发展规划纲要（2010～2020年)》中的重要内容。国内一些专家和学者从教育学、社会学、心理学甚至生态学等学科视角去探究教师专业发展的理论建构，坚持以"中华民族多元一体格局"①的理论基础来研究教师专业发展对于边疆民族教育具有重要价值。边疆民族地区的教师不仅承担着基础学科知识的教学工作，还肩负着传承和发扬我国优秀的民族文化的重任。他们不仅要对中华民族博大精深的优秀传统文化有扎实的基础，也需要立足于地方实际情况，结合本地独特的民族文化元素，开发适用于边疆民族地区的地方课程和校本课程，进而寻找出一条适应边疆民族地区的教师专业发展之路。

一、边疆民族地区教师专业发展的特殊性

从教师专业发展的角度来谈边疆民族教育，首先需要明确教师专业发展的概念，以及边疆民族教育与教师专业发展的关系，厘清边疆民族教育及其教师专业发展需求的特殊之处。

（一）教师专业发展

从国内已有研究看，对于"教师专业发展"的概念界定已趋于成熟，将教师专业发展看作一个动态过程几乎是学者们达成的共识。叶澜教授等（2001）认为，教师的专业成长或教师内在专业结构不断更新、演进和丰富的过程就是教师专业发展。对于教师专业发展的概念界定大致从两个角度来谈：一部分人对教师专业发展的理解从学科的角度或是教师这一职业的角度，认为这里的教师专业等同于教师职业，因此将其界定为"教师专业—发展"，也即是教师这个学科专业或职业所拥有的权利和地位的发展。郭丽君、吴庆华（2013）认为专业发展强调教师专业角色的成长和发展，高校教师专业发展主要是促进教师在学科领域中的成长和发展。刘万海（2003）认为，以教师专业自觉意识为动力、以教师教育为主要辅助途径，教师的专业职能素质和信念系统不断完善、提升的动态发展过程即是教师专业发展。与此同时，另一种观点是聚焦于"教师"这一行为

---

① 费孝通. 中华民族多元一体格局［M］. 北京：中央民族大学出版社，1999：296－297.

主体，认为这里的"教师专业发展"可理解为教师个体的专业化发展，因此将其界定为"教师—专业发展"，也即教师个体在诸多方面的专业水平的提升过程。如宋广文、魏淑华（2005）认为，教师专业发展是指教师个体的专业知识、专业技能、专业情意、专业自主、专业价值观、专业发展意识等方面由低到高，逐渐符合教师专业人员标准的过程。本文所选取的教师专业发展的视角是指教师个体或教师群体的专业性知识、技能、意识等成长的过程。

综合国内已有研究来看，影响教师专业发展需求的因素体现在方方面面，可大致分为内部因素和外部因素两大板块。内部因素主要有教师的教育教学经验与理念和见识、个人所处的专业发展阶段水平、职业认同与工作责任感、发展的准备性与抓机遇的能力和个人所拥有的发展资源五个方面。外部因素主要有教师所处的时代背景和文化氛围、所工作的学校及其周边环境、发展的客观机遇三个方面（郑庆全等，2011）。联系到边疆民族教育，还应该充分考虑民族地区独特的自然环境、学术生态氛围以及跨文化交流及适应能力等因素。

（二）边疆民族教育的特殊性

民族教育的根本任务是培养适应社会需要的全面发展的人。大批德才兼备的科技人员，是少数民族经济繁荣、文化教育事业发展的重要保证（滕星，1997）。边疆民族地区教师肩负着更加多元的任务，他们既要承担着基础通识教育的重任，又要培养适应国家现代化社会发展所需要的少数民族人才；他们既要有学科知识的积累，又要有跨文化交际的能力；既要能够吸收、借鉴各民族优秀的传统文化，又要传播和弘扬中华民族五千年来积淀的优秀的民族精神。就目前来看，边疆民族地区所需要的师资队伍与现实情况存在着差距，这就需要我们深层剖析边疆民族教育的特殊性。

第一，边疆民族教育的政治、经济、历史文化背景的特殊性。我国陆地边界线长达 2.2 万公里，边疆民族地区人口多达 2300 万。作为国家的门户和窗口，边疆国门教育事业的发展状况是国家整体教育状况乃至综合国力的直接体现，反映着国家的国际形象。[①] 中国的邻国共有 20 个，是世界上邻国最多的

[①] 钟海青. 加强教师队伍建设：边疆民族教育脱贫的重要基础 [J]. 中国民族教育，2017（1）：16–19.

国家，亚洲几乎一半的国家都是中国的邻国。中国的边疆民族教育大致聚焦陆地边疆，其中有东北地区的中俄、中朝边疆；北方地区的中蒙边疆；西北地区的中俄、中哈、中巴等边疆；西南地区的中缅、中越、中老等边疆。

就政治意义来看，边疆民族教育必须承担起维护国家安全稳定和长治久安的政治责任，因此边疆民族教育应当与思想政治教育、民族团结教育、国家认同教育等牢牢联系在一起；就经济意义来看，我国边疆民族地区大多位于较偏远、欠发达地区，经济发展水平比较落后，教育水平也比较低，因此边疆民族教育应当通过教育和文化的力量贯彻落实国家"精准扶贫"的战略思想，拉动区域经济增长的内生动力；就文化意义来看，在中华民族历史文化的长河中，我国各少数民族形成了各具特色的生活习惯、文化风俗、精神信仰等。在不同的民族文化和民族传统影响下，各民族间的教育发展也不均衡。因此边疆民族教育应当在促进国家教育发展均衡化的同时，充分吸收汲取其他民族优秀的教育经验，继而弘扬新时代优秀的中华民族文化和民族精神，在教育领域展现出大国魅力。

第二，边疆民族教育目的和对象的特殊性。边疆民族教育不仅担负着文化振兴的任务，而且也是一项政治任务、经济任务，是一种有目的地培养国家与主流社会需要的人才的社会活动。边疆民族教育的对象是融合的，既包括我国各个民族的受教育者，也辐射到周边相邻国家的学生。因此，边疆民族教育必须首先贯彻国家的方针政策，在维护国家统一的前提下发掘民族地区的特殊性，以尊重、包容、理解等积极态度来接纳、吸收本民族和其他民族的优秀传统文化，增强学生的国家认同、中华民族认同和中华文化认同。

第三，从教师的视角来谈边疆民族教育，主要聚焦在边疆民族地区对于教师专业发展的特殊需求。中华文化是一个丰富多元的体系，每种文化都承载着纷繁复杂的时代印记。而随着社会政治、经济在现代化的动态引领中不断进步与发展，纵向的传统文化与横向的多民族文化该如何适应当今社会成了一个重要议题。因此，边疆民族教育在发展的过程中，需要寻求传统性与现代性、民族性与世界性、本土性与普适性之间的和谐与统一，既要顺应全球化的发展趋势，又必须保留本土性特点。这就需要边疆民族地区的教师能够借历史的眼光看当下的问题，从主流的教育理念中发掘适应边疆民族地区的实践性成果。

二、教师专业发展不充分，引发边疆民族教育的困境

"十二五"规划以来，在中央和地方的政策支持下，我国边疆民族地区民族教育事业已经取得了一些进步和发展，边疆教师队伍的数量、质量和结构都得到很大的改善，教师的综合素质显著提升。但我国边疆民族地区教师队伍仍然存在不少困难和问题，具体而言就是我国教师专业发展的不充分。而民族地区教师之专业发展，普适性问题更加突出。

（一）边疆民族地区教师专业发展的政策及培训体系不完善

国家和地方对于边疆民族地区教师队伍的建设已经比较重视，出台了省市对口输送教师资源、特岗教师、城乡教师结对帮扶等诸多政策以填补边疆民族地区教师数量和质量的缺口，但是对于边疆民族地区教师专业发展的关注还是不够。现有的培训体系和机制并不完善，没有紧密结合地区特色和地区需求，取得的成效微弱。缺乏边疆民族地区教师专业发展专项经费支持等必要的支持体系，导致边疆民族地区教师的综合素质不能适应新一轮课程教学改革的要求，也无法适应新时代边疆民族教育的人才培养需求。传统的教学模式仍未得到改变，无法跟上现代化信息社会的教育步伐。边疆民族教育实践性的理论研究滞后使得教师专业发展缺少有效的引领以及教育教学研究的实践，边疆民族地区教师在教学过程中比较被动也比较迷茫，最终成为了"机械的执行者"。教师培训是教师专业素养纵深发展的重要途径，是教师成长为"专家型教师"的个性化建构路径（王光雄等，2018）。近年来，国家和地区加大教师专业培训的经费投入，很多学校也积极实施"国培"计划，派遣本校教师去往外地学习。网络信息技术的引入使得远程网络培训也变得更加便易。然而，教师专业培训的现实情况却不尽理想。教师缺编导致的数量不足，一方面加重了边疆民族地区教师的教学任务；另一方面也带来了教学与培训的时间冲突。同时，缺乏对于边疆民族地区教师具有特殊性的培训，培训内容泛化，缺乏针对性，也导致培训效果不理想。

（二）边疆民族地区教师分布不均衡、结构不合理

目前民族地区教师规模大、分布不平衡、结构不合理使得教师专业发展的难度加大。教师队伍的发展一部分依赖于地区和社会的发展水平，另一部分也依赖于学校的培养方案。首先，边疆民族地区教师队伍尽管总量规模较大，但是在局部地区和部分学科方面，仍存在一定程度的缺口。我国边疆民族地区大多是少数民族杂居的贫困地区，教师招聘是首要难题，高校毕业的年轻教师往往不愿去这些地区任教，一些较偏远贫困的县在招聘特岗教师时也常面临着招不够人的情况。其次，边疆民族地区教师质量也存在问题，本地缺乏高素质的教师人才，而招聘的特岗教师流动性较强，基本是冲着编制而来，在合同期满后，就考去较发达城市。骨干教师和乡村教师也大多趋于向县城学校流动，县城教师更期望向首府城市或更高一级地区流动，因此，留下来的这部分教师师资水平比较低，都分布在更为落后、闭塞的乡村地区。专业水平的差距及生存环境的自闭使得留下来的教师群体专业发展的内驱力不强，专业发展途径较少、教师专业自主程度较低也制约了教师群体的专业发展。社会和地区对于教师职业的不重视也导致当地年纪较大的教师和刚毕业的年轻教师居多，教师群体结构严重失衡。年轻教师群体受不了日常工作的繁重，年长教师群体又缺乏脱产学习的时间和精力。久而久之，边疆民族地区教师群体专业发展意识薄弱、水平欠缺就直接影响着边疆民族教育的教学质量。

（三）边疆民族地区教师个体专业发展意识低、动力弱

我国边疆民族地区教师本身接受外界信息的速度就慢一些，这样慢节奏的学习、生活和工作状态使得大多数教师都安于现状，自我发展的意识比较薄弱，没有意识到教师专业发展的重要性，只是简单机械地完成日常教学任务。有的外来教师到边疆民族地区还面临着语言交流和跨文化交际发展的障碍，在素质重构的巨大压力、自我身份的危机感以及面对文化冲击的矛盾感面前，渐渐失去了自身发展的动力（毛菊，2012）。此外，民族地区教师还面临着专业自主权缺失、缺少探究精神和科研能力、教师的职前教育与职后培训脱节等问题（石心，2012），常带来教师流失严重的后果，这些都将直接使边疆民族教育陷入困境。

三、促进教师专业发展，提升边疆民族地区教育水平

通过分析教师专业发展在边疆民族教育中的影响及带来的困境，从国家或边疆民族地区的宏观层面、学校及教师群体的中观层面以及教师个体的微观层面三点来谈，有针对性地提出解决途径及办法，以提升民族地区教师专业发展，提升边疆民族地区教育水平。

（一）从国家或地区的宏观层面促发展

我国边疆民族地区教师专业发展应以教师需求为立足点，从国家教师培养政策、地方教师专业发展方案、区域教育系统、学校组织和专业发展活动的组织等来提高教师专业发展活动的效能，以最大限度激发教师的潜能，从而改善学校教学的整体质量（张倩、李子健，2011）。基于此，应不断深化中央与地方各级政府教育行政部门、各级各类学校、教师培养和培训单位的协同，形成合力，为边疆民族地区教师专业发展构建良好环境。首先，紧密结合新一轮的教育改革对于教师的规范和新要求，提倡教师终身式的专业学习和团队互助式的专业学习。通过设立边疆民族地区教师专项津贴，给予偏远艰苦地区的教师以经济扶持，同时，完善教师待遇激励机制，提升教师工作的积极性。积极出台相应措施改善边疆民族地区的教育生态环境，改善住房、医疗等基本设施，以切实提升教师的工作环境，使教师能够"留得住"。其次，通过积极开展适应边疆民族地区的教师培训，完善教师教育的制度，改进教师教育的方法，提高教师教学的水平。抓好教师的职前教育、入职辅导和职后培训的一体化。同时，提高社会对教师职业的认同、营造教师专业发展的大环境，推进学校人事制度改革，提高教师管理水平和建立科学的、可操作的教师专业发展体系与制度。积极引导教师协同开发地方课程和校本课程，带动教师专业发展，积极拓宽渠道，加大投入，建立合理的分摊机制，有效解决教师专业培训的经费来源。

（二）从学校和教师群体的中观层面促发展

从学校和教师群体出发，应该创建新型的教师文化，提倡以校为本的教学研究及培训活动，注重民族地区教师职前培训，积极反思和营造良好的民族地

区专业化发展的教与学的生态文化。建立民族地区校地发展共同体和民族地区师生共同体，通过良好的学习氛围促进教师群体专业发展。这不是一蹴而就的，应当是一个持续的过程，需要合作、多样化的活动形式和持续的反思机制，将之嵌入教师的日常教学实践。学校应充分调动教师群体的积极性和自觉性，为教师专业发展创造良田沃土。改革培训机制，加强针对性，重视多元文化教育，提升跨文化交际能力，建立适合本地或本校教师的专业发展体系，提高培训的实际效果。

（三）从教师个体的微观层面促发展

教师的专业发展应摆脱由外部主导和对外部的依赖现状，充分发挥自组织在专业发展中的作用。教师的自组织是推动专业向高级复杂演化的重要机制，具有专业统整、专业智慧生成和专业创新功能（阳泽、杨润勇，2013）。除了外部给予的教师专业发展的保障及扶持外，最重要的是要培养出基于"内生需求"的发展。这就需要教师个体的自我觉醒，基于自我体验导引、问题意识导引、情境学习导引、差异发展导引和自我实现导引（史静寰、王振权，2013）。具体而言，就是教师个体萌发自我发展的需求和意识，制定专业发展计划和不断进行反思。在日常的教学活动和教学情境中发现问题并努力解决问题，关注少数民族学生的切实需求。同时不断增强自己的语言能力，通过对多元文化的学习和跨文化交际的过程加固自身的身份认同，成为终身发展的新型教师。

四、结语

综上所述，目前边疆民族地区教师专业发展的影响因素大致分为两个方面：一方面是包括国家财政投入、政府政策支持、教师教育发展机制、区域教育水平和学习氛围等在内的外部因素；另一方面是包括教师个体素质、自主意识、个人能力等在内的内部因素。从边疆民族地区教师专业发展的现状，可以归纳出引发边疆民族地区教育困境的因素有：第一，边疆民族地区在政策支持和教师专业培训体系建构等方面都欠缺，针对性不强；第二，边疆民族地区教师群体规模大、分布不均衡、结构不合理；第三，教师个体专业水平低、发展意识较弱。由问题出发从宏观、中观和微观三个层面，也就是国家、学校及教师群体、教师个体这三个方面寻求解决途径，提升边疆民族地区教师专业发展和边疆民族教育水平：就各级政府而言，对边疆民族地区加大财政支持力度，构建完善教师培训体系；就学校和教师群体而言，创建科研型教师队伍，提倡校本课程和教学的研究及培训；就教师个体而言，加强教师自主发展意识，鼓励通过教学反思不断改进，积极参加科研活动和专业培训。在确保基本业务素质符合教学与科研要求的同时，尊重个性发展需求，在培训方式、内容等方面为教师成长营造良好的外部支持环境，以期建立一批高素质、专业化、结构合理的本土教师队伍，推动边疆民族教育的内生活力和可持续性发展。

参考文献

［1］费孝通．中华民族多元一体格局［M］．北京：中央民族大学出版社，1999.

［2］叶澜，白益民等．教师角色与教师专业发展新探［M］．北京：教育科学出版社，2001.

［3］郭丽君，吴庆华．地方高校青年教师发展需求探析［J］．现代大学教育，2013（5）：106－111.

［4］刘万海．教师专业发展：内涵、问题与趋向［J］．教育探索，2003（12）：103－105.

［5］宋广文，魏淑华．论教师专业发展［J］．教育研究，2005（7）：73－76.

［6］郑庆全，高一鸣，孙利国．教师专业发展需求及其影响因素研究——教师专业发展需求的若干理论问题探讨之一［J］．齐鲁师范学院学报，2011（6）1－4.

［7］滕星，苏红．多元文化社会与多元一体化教育［J］．民族教育研究，1997（1）：18＋20＋22＋24＋26＋28＋30.

［8］钟海青．加强教师队伍建设：边疆民族教育脱贫的重要基础［J］．中国民族教育，2017（1）：16－19.

［9］王光雄，陈亮，陈恩伦．培训与教研并进式的乡村教师发展策略

[J]. 中国成人教育，2018（12）：119 - 122.

[10] 马永峰，焦道利，张新贤. 浅论新媒体环境下的少数民族地区教师专业发展 [J]. 新疆职业教育研究，2013，4（1）：61 - 64.

[11] 毛菊. 少数民族教师专业发展的困境及路径选择 [J]. 湖南师范大学教育科学学报，2012（4）：32 - 35.

[12] 石心. 民族地区中小学教师专业化发展探析——以甘肃临夏回族自治州东乡县为例 [J]. 边疆民族教育研究，2012（2）：87 - 91.

[13] 张倩，李子健. 国际比较视域下的教师专业发展——以 TALIS 2010 教师专业发展主题报告为基础 [J]. 人大复印报刊资料《教育学》，2011（6）：39 - 46.

[14] 阳泽，杨润勇. 自组织：教师专业发展的重要机制 [J]. 教育研究，2013（10）：95 - 102.

[15] 史静寰，王振权. 适合教师的个性化专业发展方式 [J]. 教育理论与实践，2013（10）：35 - 39.

云南边疆民族地区农村小学"教师结构性缺编"问题研究[*]

何思燕　蒋立松^{**}

摘　要： 通过对云南省保山市隆阳区某些村小的教师结构性缺编问题进行资料采集，本文主要采用访谈法对云南边疆村小教师进行调查，其中发现教师结构性缺编造成以下三个方面的问题：第一，教师普遍存在"一师多科"的教学现象；第二，教师普遍存在"一师多岗"的工作现状；第三，边疆村小普遍缺乏心理健康教师。这三个方面的问题严重影响了边疆村小的教学质量，阻碍了师资队伍的发展，不利于学生心理的健康发展。

关键词： 结构性缺编；寄宿制学校；边疆村小

教师结构性缺编是指教师总量达到或超过规定的编额，而中小学校的实际编额不足或数量不能满足教学需要而出现的缺编问题（张继平，2012）。在调研组去到的云南保山市隆阳区多所村小中，普遍存在教师总数达到编额，但是其数量不能满足教学需求的情况。通常情况下，教师结构性缺编指性别结构、年龄结构、学历结构、职称结构、学科结构等方面的不合理安排，但由于政

---

　　* 本文为教育部人文社会科学重点研究基地重大项目"互联网＋背景下西南地区跨境民族教育发展研究"研究成果。

　　** 何思燕，女，西南大学西南民族教育与心理研究中心硕士研究生，研究方向：民族教育、民族文化。蒋立松，男，西南大学西南民族教育与心理研究中心副教授、硕士生导师。研究方向：民族教育、民族文化。

治、经济、地理、历史等原因，云南边疆村小的教师结构性缺编具有特殊的含义。本文主要从以下三个方面阐述云南边疆村小结构性缺编的问题，首先是教师学科结构的不合理，主要表现在边疆村小无法按照国家规定的学科课程配备音、体、美、信息技术等专业教师，导致村小普遍存在"一师多科"的教学现象，严重影响了教育教学质量；其次是教师岗位结构的不合理，主要表现在边疆寄宿制村小生活老师、食堂工友及保安等工勤人员不足，导致村小普遍存在"一师多岗"的工作现状，师资队伍发展受到阻碍；最后是村小缺乏心理健康教师编制，导致没有专门的心理健康教师为其学生进行心理辅导，学生心理健康难以保障。

一、教师结构性缺编面临的突出问题

作为中国教育链的一个有机组成部分，边疆民族地区教育的发展，对维护国家稳定安全、实施科教兴国战略、协调发展区域经济、推进教育与社会公平、保护民族文化多样性以及加强与边疆国家教育合作和交流等，都具有不可替代的重要作用，所以赋予边疆民族地区教育美好的发展前景成了当前的一项重要任务（苏德、陈中永，2011）。然而，在当下，我们首先要分析并解决的是因教师结构性缺编导致边疆村小教师普遍存在的"一师多科"的教学现象、"一师多岗"的工作状态，以及缺乏心理健康教师三大突出问题。

（一）"一师多科"教学现象

教师"一师多科"现象在我国农村地区普遍存在，而云南边疆村小"一师多科"的教学现象则尤为明显。"一师多科"是指一个学校教师人数不够或欠缺某些学科的教师导致同一个教师进行不同学科教学的现象。近年来，根据国家政策规定，相关部门为边疆村小在硬件设施的建设上大力投入资金，为学生建立了音乐室、实验室等场所，为学生的全面发展提供良好的学习平台。硬件设施已相当完备，但始终缺乏"软件"——音、体、美等教师。据了解，边疆村小普遍存在"所招非所需"的现象，即县城里所招聘的教师学科背景并非是村小所欠缺的学科教师，比如某村小向中心校报需要1位音乐老师、1位美术老师，但中心校最后给这个村小派了2位语文老师。以下截取了考察中调研者 H 与保山市隆阳区某村小 C 老师的对话。

H：你们这边的教师普遍都是一个老师要上多个年级、多个学科吗？

C：差不多吧，没办法啊，有的学科老师不够嘛。

H：每年会向县里面申报所需教师吗？

C：我们村小是由中心校管的，一般我们都是把需要的老师报给中心校，由中心校统计后再报给县里，最后县里把教师分配给中心校，中心校再分配给我们。

H：噢噢，那你们只是报所需教师数量吗？具体需要哪科教师也会一起报吗？

C：会啊，我们一般都会写清楚具体需要哪一科教师，但是不知道怎么回事，县里面分下来的都不是我们想要的学科老师。比如去年我们申报了 1 位音乐老师、1 位美术老师，但最后给我们派来了 2 位语文老师。

根据 C 老师所言，"所招非所需"的现象让边疆村小的老师们很是头疼，一方面学校必须遵从国家规定，另一方面学校又缺乏相关任课教师，村小教师只能"教非所学"地进行教学。对于"所招非所需"的问题调研者随即采访了该村小所属的中心校主任 L 老师。

H：村小每年都会把所需要的老师申报给你们吗？

L：嗯，是的，然后我们统计后再一起申报到县里面。

H：那你们申报的时候会向县里面注明你们需要的是哪些学科的老师吗？

L：一般是会的，但是分下来的老师不一定是我们需要的，能分到老师就不错了，我们这个地方离城里又比较远，一般刚毕业的年轻老师都不愿意来。

H：噢噢，那你们一般需要哪些学科的老师？

L：像音乐、体育、美术等小学科老师，但一般分来的都是语文或者数学老师，学校内部教师配比结构不合理，语、数、英三科教师占了大部分教师编制，音、体、美等小学科老师占编制的数量微乎其微。

由此可见教师学科结构性缺编严重导致了村小欠缺小学科教师，长此以往，这些学校的老师只能跨年级教学、跨学科教学。边疆村小教师并非所有都是"全科教师",每个教师的专业不一样,所谓"术业有专攻",但是由于教师缺乏的现象导致这些教师不得不教学多门学科。老师们普遍认为因缺乏专业的培训和系统的学习,也不会用相关的设备,所以上这些非本专业课程的时候很没底气。尤其是计算机课程,老师们自身都不太会使用计算机,没有专业的信息技术老师,学校的机器设备也成了摆设,造成了资源的浪费。"一师多科"也导致教师主科、小学科两头都顾不好,影响学校整体的教学质量(王瑜、张静,2018)。

(二)"一师多岗"工作现状

教师"一师多岗"的工作现状在我国农村寄宿制学校普遍存在,在云南边疆村小的教师也存在这样的工作现状。由于云南边疆民族地区地广人稀,各村小及教学点分布相对分散,国家为集中力量办学,提高教学质量,提出了"撤点并校"政策。在 2009 年 11 月,云南省召开了中小学区域布局调整的工作会议,会后,"撤点并校"的工作在云南省大力展开。"撤点并校"之后,考虑到部分学生家里距离学校较远,所以边疆村小大都以寄宿制学校为主。寄宿制虽然解决了学生的困难,却加重了教师的工作量。寄宿制学校除了需要教学老师,还需要生活老师、食堂工友以及保安等工勤人员。在现阶段,根据《关于统一城乡中小学教职工编制标准的通知》显示,将县镇、农村中小学教职工编制标准统一到城市标准,即高中教职工与学生比为 1 : 12.5、初中为 1 : 13.5、小学为 1 : 19。但是在边疆民族地区,多数边疆县(市)寄宿制学校和非寄宿制学校执行同一个编制标准,宿舍管理员、保安、食堂工友等工勤人员没有专编可用(钟海青等,2015)。由于这些工勤人员没有专门的编制可用,导致学校教师身兼数职,每天超负荷的工作量压得他们喘不过气来。

云南省保山市隆阳区某村小校长表示:"我们学校的老师既要教学,又要负责学生的生活住宿,甚至有的低年级学生还不会自己上厕所,老师还需要负责帮助他们如厕。我们老师从早上 5 点多就起床,要一直忙到晚上 11 点多才能睡觉,老师们都表示很累,完全没有时间照顾到自己的家庭。"

该校长是本村人,已经在这个学校担任了 20 余年的校长工作,很熟悉这里的教学工作环境，校长所表达的诉求从一定程度上代表了云南边疆村小教师们的诉求。校长的神情与语气中透露出对边疆村小教师工作现状的无奈与心疼，从早上5点多到晚上11点多，一天连续工作18个小时，一周5个工作日需工作90个小时。即使是在这样的高强度工作下，仍然不能避免工作上疏漏，例如学生起夜时间不同，导致低年级学生普遍出现尿床现象。根据我国法律规定，我国的标准工时为劳动者每日工作8个小时，平均每周工作40个小时。作为边疆村小教师，却无法依照规定下班时间休息，因为没有专门的食堂工友，教师们必须在放学后自己动手为学生做饭；因为没有专门的生活老师，教师们必须管理好自己班级学生的就寝。"一师多岗"不仅剥夺了村小教师的生活、学习时间，也使得村小学生们得不到专业的照顾，严重影响了教师们的日常生活以及整个学校师资队伍的建设。

（三）缺乏心理健康教师

我国云南边疆村小缺乏心理健康教师，但由于地理、历史等多方面因素导致心理健康教师对于边疆村小的学生而言和其他学科老师一样重要。中央对青少年的心理健康高度重视，其中《中共中央 国务院关于深化教育改革全面推进素质教育的决定》明确指出："要针对新形势下，青少年成长的特点，加强学生的心理健康教育，培养学生坚韧不拔的意志、艰苦奋斗的精神，增强青少年适应社会的能力。"① 随着党的十九大的顺利召开，青少年的心理健康已经成为社会各界所关注的热点话题。在云南边疆村小，由于师资力量薄弱，所以校内没有专门的心理健康教师或者专业的心理健康咨询点。在小学阶段，学生正处于树立正确的世界观、人生观、价值观的关键时期。云南边疆乡村是一个既封闭又开放的地方：其封闭性在于，对内该地区离国家政治经济中心较远，环境相对县城及以上行政单位较为封闭，使得上级教育机关缺乏对该地区学生的管控，尤其表现在无法涉及对学生们心理健康的正确疏导；其开放性在于，对外云南与缅甸、越南、老挝三国接壤，处在这样一个"金三角"地区，这也让学生们在吸收更多外来文化的同时深受"金三角"毒品贸易文化的侵蚀，逐渐颠覆其价值观。所以，对于学校来说，配备心理健康教师是非常有必要的。

---

① 赵海涛. 农村寄宿制初中生学生管理问题的调查研究［D］. 大连：辽宁师范大学，2008：5.

保山市隆阳区某村小校长指出,"由于云南地区位置特殊,临近'金三角'地区,而'金三角'作为世界上主要的毒品产地,使得邻近的云南存在不少吸毒、贩毒的人群,这其中不乏我们一部分在校学生的父母,在公安机关的严厉打击下他们有的进入戒毒所戒毒,有的构成犯罪正在服刑,而他们的孩子大多独自生活在家中,这类学生正在接受国家的义务教育以及其他惠民政策的帮扶,但是由于家庭重要成员的缺失,长期缺乏家庭教育,导致其无法安心学习。而且这些学生还未能形成一个正确的人生观和价值观。这类学生通常比较自卑,要么性格极其内向,要么行为极其张扬,他们的学习成绩通常不好,并且其不良行为习惯已经影响到了周边同学。"

当访谈者问到学校是否有专门的心理辅导老师时,校长表示,学校本就严重缺乏老师,更是没有心理学相关专业的人才引进计划,故不可能形成这样一个心理辅导小组。在边疆村小教师编制中并不包含心理健康教师这一岗位的编制,所以导致村小每年向中心校申报所需教师时,即使学校需要心理健康教师,也没有资格去申请。据走访了解,心理健康教师缺乏的现象,在云南边疆各村小普遍存在,而且学校其他教师是非常渴望能够配备一名专业的心理健康教师的。

二、结构性缺编对边疆村小发展的影响

"教师结构性缺编"已对云南边疆村小造成了严重的影响,由于学科结构缺编,导致学校采取"一师多科"的教学方式,长此以往,学校教学质量难以保证;由于岗位结构缺编,导致教师长期处于"一师多岗"的工作状态,超负荷的工作量压得老师喘不过气来,打击了教师工作积极性,师资队伍发展受到阻碍;由于缺乏心理健康教师编制,边疆村小没有专门的心理健康教师,导致学生心理健康难以得到保障。

(一)学校教学质量难以保证

教学质量是学校教育可持续发展的生命线,是决定一个学校能否得以积极向上发展的关键命脉。不管是内地还是边疆,教学质量始终是一个学校长久办

学需要考虑的首要问题。教师队伍学科结构性矛盾突出，尤其是农村学校，其中包含云南边疆村小，一些学校任语文、数学科目的教师占到全校教师总数的80%，然而音乐、体育、美术、英语、计算机等学科教师十分缺乏。按照国家新课程要求，学校要开设的课程很多，但由于编制少，学校的教师配备往往不齐，很多教师要跨年级、跨学科任课，不少农村中小学校的部分教师一人要兼任几个班级的全部课程，或一人兼任多门课程，教师长期超负荷工作。

教学质量指教师教的质量以及学生学的质量，义务教育阶段教学质量通常以学生学业成绩来体现，教师"教非所学"的教学现状严重影响了学生的学业成绩。相关资料显示，保山市隆阳区某中心校 D 老师所带年级一共有 64 人，在某年上半年期末考试中，全年级语文最高分 91 分，最低分 45 分，学生普遍集中在 65 分左右，及格人数 31 人，及格率约为 48.43%；数学最高分 93 分，最低分 12 分，学生普遍集中在 75 分，及格人数 41 人，及格率约为 64.06%。在该中心校所属的县城小学同年级学生，语文和数学及格率分别是 83% 和81%。其他科目并没有进行统一考试，所以无从比较。云南边疆村小的学生数学成绩普遍比语文成绩好，这可能是因为受本民族语言的影响，导致学生语文学习更加困难（其中语文指汉语文，该校并非双语学校）。由此可见，虽然国家一直在进行学校布局调整，缩小城乡差异，但是目前乡村与县城教学质量差距还是很明显。边疆村小学生普遍学习成绩较差，家庭条件相对较好的学生，父母将其送到镇及县城学校就读，导致城乡之间学生学习差距越来越大。

除了学生学业成绩不理想外，教师在教学的过程中也存在困扰。比如让语文老师兼任科学老师、计算机老师等现象突出，本是文科出身的语文老师对于科学类理科知识并不是很了解。造成一些实验室设施设备使用率极低，有一些完全用不上，甚至还没有打开包装，有的设备即便安装了，但缺少日常维护和管理，无法使用或难以使用，落满灰尘，闲置角落。另外，计算机教师的缺乏使部分学校配备的电脑、多媒体等教学设施设备没有进行正常使用和维修，造成资源的闲置和浪费。再比如，让数学老师兼任音乐、美术老师等，这样的情况除了极少数老师适应外，多数老师都难以消化，只得采取"照本宣科"的方式教学。为了遵循国家的课程规定，有的边疆村小只得安排"阴阳课程表"，即张贴的课表和实际授课的课表是不一样的。

（二）师资队伍发展受到阻碍

边疆民族地区教育亟待解决的困难和问题很多，但最急切的应当是教师发展的问题。建设一支思想素质高、专业能力强、"下得来，留得住"的教师队伍，是边疆民族教育发展政策的重中之重。国家也对民族地区教师队伍发展高度重视，2015 年 8 月，国务院召开第六次全国民族教育工作会议，并印发《国务院关于加快发展民族教育的决定》，明确了加快发展民族教育的指导思想、基本原则、目标任务和政策措施，提出到 2020 年，民族地区教育整体发展水平及主要指标接近或达到全国平均水平，逐步实现基本公共教育服务均等化，服务民族地区全面建成小康社会的能力显著增强。虽然国家高度重视教师队伍发展，但是由于岗位性结构缺编现象仍然比较严重，导致许多边疆村小教师工作内容繁多，每日工作时间过长。长此以往，边疆村小教师会对工作现状极度不满，早早步入职业倦怠期，严重阻碍了教师队伍的发展。

由于边疆村小教师对工作现状产生不满情绪，边疆村小普遍存在"隐性流失"现象。所谓的教师"隐性流失"是指教师队伍内部的一种流失，一些教师虽然身在校内，但心在校外，他们找到合适的单位或等职称问题解决后，便会离开（苗春德，2004）。民族地区农村教师离职倾向比较普遍，实际上就产生了"隐性流失"的问题。只有少数真正热爱农村教育事业和农村教师工作的教师，愿意留在现任岗位上继续工作（张永峰，2007）。边疆多数村小教师处于"人在曹营心在汉"的状态，据访谈统计，其中最重要的原因是教师们普遍受不了"一师多岗"的工作现状。以下截取了考察中调研者 H 与保山市隆阳区某村小 M 老师的对话。

H：您在这所学校教学几年了？

M：有 4 年了，之前在另一个村小，后来调过来的。

H：您对目前的工作现状是否满意？包括环境、待遇等。

M：这个问题，嗯……其他的还好，主要是我们这边村小基本都是寄宿制，我们老师太累了，不仅是上课，平时还要做饭什么的，基本上没有什么休息时间，每天都很累啊。

H：那您有没有想过到别的学校去工作？

M：大家肯定都想去更好的地方啊，好多年轻教师都不愿意到我们这些地方，太累了。

从 M 老师的言谈中不难发现，边疆村小教师对于工作现状并不是很满意，其中原因可能包括工作环境、工资待遇、晋升空间等，但是在这众多的因素中，最令教师不满的是"一师多岗"的工作现状。归根结底，导致教师"一师多岗"工作现状的原因主要是教师岗位结构缺编，缺乏非教学岗专编人员，大部分边疆寄宿制村小没有配备校医、食堂、寝室管理等教辅人员，后勤管理工作都由在职教师兼任，从课堂教师到生活辅导员，从寝室管理员到保卫人员，从食堂监管员到校医，教师集教育教学、后勤保障功能于一身，全方位兼顾，工作量超重，给教师的工作增加了难度。这样的现象可能会造成边疆民族地区教师求职的"马太效应"，即越优秀的教师越不愿意去环境艰苦的地方，导致城乡差距和区域差距越来越大。

（三）学生心理健康难以保障

云南边疆民族地区村小没有专门的心理健康教师编制，故大部分的学校没有申报需要心理健康教师的资格，只有极少部分学校可能有其他学科的老师兼任心理健康老师。心理健康教师在云南边疆一带极其缺乏，但是对于地理位置所处"金三角"一带的云南边疆，学校的心理健康教师所需要疏导的对象不仅是普通寄宿制学校的留守儿童，还有情况更为复杂的吸毒人员的子女。这类人员的子女在学校通常表现为两种极端性格的学生，第一种是性格非常内向，这类学生一般内心比较自卑，不愿意多与人沟通交流；第二种是性格极其张扬，这类学生通常喜欢在老师、同学面前刷存在感，其行为习惯严重影响班级其他同学，给学校带来了不好的影响。据了解，对于第一类学生的处理方式，学校老师只能用言语开导，并没有其他更为专业的方法对其进行心理疏导。对于第二类学生，村小教师也是无可奈何。

保山市隆阳区某村小老师谈道，"这种学生的情况通常是很复杂的，他们学业成绩不好，之所以每天来学校读书并不是出自本人意愿，仅仅是因为义务教育的强制性，这种现象仅仅只依靠学校是很难改变的。所以即使是每天都在教室里和其他同学接受相同的教育、学习相同的知识，但是家庭成员的缺失已经对这类学生造成了严重的心理创伤，使其产生厌学、逃学行为，且在师资力量匮乏、地理环境特殊的情况下，辍学学生很难再次步入课堂"。

这也验证了以往调研中研究者们所提到的民族地区义务教育控辍保学难度较大，中小学生辍学率仍高于同类汉族地区的说法。义务教育将他们强制性地送入学校学习，但并没有对其心理进行疏导。国家推行的义务教育政策本没有错，但是当地是否也应该根据实际情况做出相应的调整有待考究。同样是寄宿制学校的内地学生，存在心理问题的通常是留守儿童，留守儿童与吸毒子女的相似之处在于其父母都不在身边。众多研究留守儿童心理健康问题的学者们都认为，学校的心理健康老师对学生的心理疏导起了至关重要的作用。但是对于边疆村小的学生而言，心理健康教师的缺乏导致吸毒子女的心理健康教育缺乏，云南边疆民族地区对于部分学生的心理需求的确无法给予保障。

三、小结

我国云南省不仅是多民族聚居地区，而且还是跨境边区。这些地区的地方政府不仅肩负着发展当地经济社会，让边民们安居乐业的任务，还要负责国家的边疆稳定，边疆安全。如今，边疆民族地区的教育发展面临着新的挑战和新的机遇，特别是"互联网＋"战略的实施将促进中国中西部之间的交流以及边疆一带地区的对外开放，为沿线国家和地区带去新的合作机遇和发展前景。边疆民族地区村小不仅起到教育教学作用，而且代表着我国"国门教育"的形象，其教师结构性缺编这一严重的问题已经为边疆村小的发展带来诸多困境，比如教学质量难以保证，师资队伍发展受到阻碍，学生心理健康难以保障等问题。在机遇与困境并存的时代，边疆村小教师结构性缺编这一问题理应提上日程，尽快解决。

参 考 文 献

[1] 张继平. 农村中小学教师结构性缺编的政策性思考——以宜昌地区教育为例 [J]. 中国教育学刊, 2012 (10): 36.

[2] 苏德, 陈中永. 中国边疆民族教育论 [M]. 北京: 中央民族大学出

版社.

［3］王瑜，张静 . 广西边疆寄宿制学校的困境及思考［J］. 民族高等教育研究，2018，6（2）：38－43.

［4］钟海青等 . 跨境民族教育研究［M］. 上海：华东师范大学出版社，2015.

［5］赵海涛 . 农村寄宿制初中生学生管理问题的调查研究［D］. 大连：辽宁师范大学，2008：5.

［6］苗春德 . 中国近代乡村教育史［M］北京：人民教育出版社，2004.

［7］张永峰 . 民族地区农村中小学教师队伍发展问题探微［D］. 桂林：广西师范大学，2007.

地方性知识与民族师范院校教师
教育地方课程建构研究

李　明*

摘　要：民族教师地方性知识及其教学能力是民族地区基础教育课程改革的关键，也是民族地区多元文化教育的依托。民族师范院校作为培养民族教师的重要机构，在建构地方课程以培养民族教师地方性知识与跨文化教育能力过程中遭遇了诸多"瓶颈"，致使地方课程在方向性、民族性、科学性、发展性方面出现不同程度的偏误，未能兼顾民族教师教育民族性与国民性的双重需要。研究认为，民族师范院校地方课程建构必须坚持方向性、民族性、科学性与发展性相统一的原则，加强多元主体间协同合作，依托学科课程、实践课程与隐性课程对地方性知识进行教育整合。

关键词：地方性知识；民族师范院校；教师教育；地方课程

　　民族师范院校是民族地区教师教育的主要机构，其课程是民族教师专业知识与能力生成的基础。在教育现代化进程中，民族师范院校过分注重民族教师现代性知识的获得，忽视了民族教师地方性知识及其跨文化教育能力的培养，使民族师范院校教师教育课程缺乏应有的民族文化特色。究其原因，在于地方性知识认识的偏误，以及对现代性知识、主流文化知识的过度推崇，未能兼顾少数民族教师教育国民性与民族性的双重需要。事实上，地方性知识与普遍性

---

　　* 李明，西南大学西南民族教育与心理研究中心博士研究生。研究方向：民族教育、教育哲学。

知识之间并不存在必然的等级差别，这在知识社会学与科学知识社会学领域已得到充分论证和阐释。基于民族地区地方性知识之于民族教师教育之民族性的基础意义，民族师范院校必须重新审视地方性知识的教育价值与文化意涵，深度开发与利用民族地区地方性知识，建构具有民族文化特色的教师教育地方课程，培养兼具地方性知识、普遍性知识及其教育能力的民族教师，增强民族教师教育的适切性。

一、地方性知识的含义及其课程价值透视

地方性知识（local knowledge）是美国象征人类学家克利福德·格尔茨首先提出的人类学术语，是一个与普遍性知识相对应的学术概念。在克利福德·格尔茨杰出的人类学研究生涯中，其以"深描"为方法，以"地方性知识"为基础，反对当时盛行的西方中心主义、本质主义知识观并获得学界认可。在此基础上，非西方社会地方性知识合法性得以确证，因而，人文社会科学研究亦开辟了"从文化持有者"的内部视界出发，寻求异文化间的理解的文化诠释范式。随着地方性知识研究的不断深入，地方性知识作为一种知识观与类型学，对人文社会科学知识乃至科学知识的性质与价值的研究都产生了深远的影响。

国内学者关于地方性知识有知识观念说与知识类型说两种代表性观点。知识观念论者盛晓明（2000）认为，"所谓地方性知识，不是指任何特定的、具有地方特征的知识，而是一种新型的知识观念。而且地方性（local）或者局域性，也不仅是在特定的地域意义上说的，它还涉及在知识的生成和辩护中所生成的特定情境（context），包括由特定历史条件所形成的文化与亚文化群体的价值观，由特定的理由关系所决定的立场和视域等"。知识类型说者，如蒋红斌（2003）将地方性知识定义为"一套以地方性特征为中心的知识体系或者意义系统，这种知识体系不是局限于某一特定区域内的知识，而是人们在长期生活和发展中形成并共同认可使用的，与地方环境相适应的知识体系，包括传统民俗、历史文化、生产生活、价值观念等方面的知识"。

事实上，不管是观念论，还是类型说，地方性知识合法性与合理性的确证，确已说明了地方性知识存在的必要与价值。地方性知识作为本土人民的集

体智慧，不仅对本土人民具有不可替代的象征与符号意义，同时也是人类文化多样性不可或缺的组成部分。从认识论角度看，地方性知识作为一种新型知识观念抑或知识类型，在对传统知识论进行反思与批判的基础上，实现了对传统知识论的超越，开辟了知识研究的新理路。它打破了理性知识与科学知识在近现代社会的垄断地位，敲响了老式社会科学范式的丧钟，使人文社会科学研究更加具有人文性。从人类学角度看，少数民族群体基于独特的天地系统与生产生活经验凝练而成的地方性知识一点不比所谓的普遍性知识差，它们在少数民族历史发展的长河中对维护人与自然、人与人、人与社会的和谐发展产生了深远的影响。同时，民族地区地方性知识作为中华民族多元一体文化中的组成要素，为中华民族文化的发展提供了必要的张力与动力支持。从教育的角度看，"地方性知识同样也是一种重要的知识资源，它不仅有利于促进高校的学术发展，还在帮助培养地方性人才、引领地方社会价值观方面具有重要的教育价值"①。此外，地方性知识还具有生态学、医学、美学、政治学以及科学等多方面的积极价值。

二、民族师范院校教师教育地方课程建构的内在理据

自古以来，知识、教育、学校以及教师四者之间存在着相互联系、相互促进的关系。同理，民族地区地方性知识与作为民族知识分子的教师以及教师教育机构之间也存在着相互依存、相互促进的紧密关系。

（一）作为民族知识分子的民族教师肩负地方性知识传承与创新的职责

自学校教育产生以来，教师作为社会分工下特殊的劳动者，其主要职责在于传道、授业、解惑，其中传道是教师最基本的职责。波兰社会学家弗·兹纳涅茨基认为，"教师作为知识的传播者，他们在普通教育过程中把知识传授给年轻人，为他们未来成为组织社会中的成员作好准备"②。我国学者郑也夫认

---

① 曾宝成. 地方性知识的教育价值及其开发［J］. 湖南农业大学学报（社会科学版），2011（12）：84–87.

② ［波兰］弗·兹纳涅茨基著，郏斌祥译. 知识人的社会角色［M］. 南京：译林出版社，2012.1：104.

为"教师作为传授与应用型知识分子,主要承担传播知识与运用知识培养学生解决实际问题能力的职责"①。从中外学者对教师与知识关系的研究中可以看出,教师承担着传播知识的社会角色,是知识在代际间有效传播的纽带。近年来,在民族地区现代化进程中,在科学技术与理性知识的冲击下,地方性知识赖以生存和发展的物理空间与心理空间遭遇不可重构的异变以及传承主体老龄化与断代的现实危机。学校因而成为民族地区地方性知识保存的重要机构,学校教育成为民族新生代与地方性知识的连接纽带,民族教师成为地方性知识的主要传播者,民族教师的地方性知识素养及其教学能力直接影响着地方课程开发与实施的质量。

(二) 民族师范院校地方课程是满足民族教师专业发展之民族性需要的基本保障

随着人们对教育质量要求的不断提高,教师专业化发展已成为教师教育改革的趋势和教育改革的热点话题之一。总的来说,教师专业发展大致包含以下四个方面:第一,教师作为专业人员,不仅要拥有相应的专业知识,还应该有与教师专业相对应的职业技能与职业道德,教师必须对教育规律与学生成长规律有深刻认识,必须具有反思、批判教育工作和改进教育教学的能力。第二,教师专业发展是以教师个体为中心,通过科学有效的培养机制,提升教师职业道德、职业理想、职业情感、社会责任意识、教育实践能力等诸方面素质的过程。第三,教师作为学习者,必须牢固树立终身学习的教育理念,不断夯实和提升专业知识与专业水平,以学促教,终身学习。第四,教师作为研究者,必须具备对教育教学进行深入研究的能力,以研促教,不断提升专业知识与实践能力。就民族教师专业发展对专业知识的要求而言,基于学生群体与文化环境的差异,民族教师必须兼具地方性知识与普遍性知识,为根据民族学生文化心理特点开展教育教学奠定基础。只有基于地方性知识建构少数民族教师教育地方课程,民族教师专业发展才能体现出应有的主体性与民族性。

---

① 郑也夫. 知识分子研究 [M]. 北京:中国青年出版社,2004.1:10.

（三）民族师范院校地方课程是新课改背景下民族教师跨文化教育能力生成的重要依托

在新课程改革背景下，为打破国家课程垄断学校课程的局面，以满足区域学校教育的地域性、文化性等需要，民族地区地方课程开发成为民族基础教育改革的重点，并取得一定成效。然而，由于人们对教师的地方性知识素养在地方课程建构与实施中的作用认识不够，致使地方课程长期处于"边缘""点缀"的地位。为更好地建构地方课程，民族地区中小学教师必须具备相应的地方性知识，以提升地方课程建构与实施的质量和效果。此外，教师作为课程知识的传递者，他们拥有对国家课程知识二次解读的机会，如果民族中小学教师能够在日常教学中结合地方文化特色与地方性知识对国家课程进行二次解读，使民族学生生活化地理解主流知识与非本民族文化，将极大地增强民族地区学校课程实施的灵活性，使民族学生基于地方性知识更好地理解和掌握国家课程知识，一定程度上能增加少数民族学生学业成功的机会。

三、当前民族师范院校教师教育地方课程建构的现实"瓶颈"

基于民族教师教育与民族教师专业发展的双重需要，以及地方性知识的特点与局限，建构少数民族教师教育地方课程必须以党和国家政策方针为指引，遵循民族教育、地方性知识以及民族教师专业发展的基本要求与内在逻辑。

（一）民族师范院校教师教育地方课程建构缺乏应有的方向性

少数民族教师教育地方课程开发地方性知识，必须严格遵照党和国家相关法律法规的规定，使教师教育课程体现正确的意识形态与方向。2010 年颁布和实施的《国家中长期教育改革和发展规划纲要（2010—2020）》（以下简称《纲要》）中就明确指出，必须"高举中国特色社会主义伟大旗帜，以邓小平理论和'三个代表'重要思想为指导，深入贯彻落实科学发展观，实施科教兴国战略和人才强国战略，优先发展教育，完善中国特色社会主义现代教育体系，办好人民满意的教育，建设人力资源强国"①。党的十九大报告对教育的指导思想做了进一步强调和发展。基于《纲要》精神，少数民族教师教育及其课程知识选择必须以中国特色社会主义理论为指导思想，牢固树立社会主义意识形态与政治方向，培养具有坚定政治立场和发展方向的民族中小学教师。党和政府对教育发展的总方向和指导思想做了统一的规定与描述，教育部也出台了《教育部关于大力推进教师教育课程改革的意见》（以下简称《意见》）并对教师教育课程改革提出了新的要求，《意见》指出要"贯彻落实教育规划纲要，深化教师教育改革，全面提高教师培养质量，建设高素质专业化教师队伍，教师教育课程体系要适应基础教育改革发展，遵循教师成长规律"②。遵照《意见》要求，少数民族教师教育地方课程建构必须遵守《意见》要求，课程设置与知识选择必须有助于民族地区中小学教师专业发展，必须有助于提高民族地区教师的专业水平，推动民族地区教育现代化。此外，教育部制定了《教师教育课程标准（试行）》，对教师教育课程的基本理念、课程目标与课程设置及其实施做了总体规划和描述。与此同时，还制定了《中学教师专业标准》《小学教师专业标准》以及《幼儿园教师专业标准》，对基础教育阶段教师专业发展的基本理念、基本内容和实施建议做了总体规定。因而，少数民族教师教育地方课程建构必须从宏观上严格遵照党和政府的方向指引；从中观上以《教师教育课程标准（试行）》为基础改革既有课程体系；从微观上以三个《专业标准》要求提升中小学教师的专业知识与能力，使少数民族教师教育及其课程改革在国家政策方针指引下健康发展。在推行双语教育的部分地区，教师教育地方课程开发与实施走向极端，过分强调地方性、民族性，忽视自身必须具备国民性与政治性，有为极端分子所利用的潜在危险，不符合学校课程开发与实施的意识形态要求，不利于中华民族团结教育的巩固发展。

---

① 中华人民共和国教育部. 国家中长期教育改革和发展规划纲要［Z/OL］. 教育部网站，http：//old. moe. gov. cn/publicfiles/business/htmlfiles/moe/info _ list/201407/xxgk _ 171904. html，2010 - 07 - 29.

② 中华人民共和国教育部. 关于大力推进教师教育课程改革的意见［Z/OL］. 教育部网站，http：//old. moe. gov. cn//publicfiles/business/htmlfiles/moe/s6136/201110/125722. html，2011 - 10 - 08.

（二）民族师范院校教师教育地方课程缺乏应有的民族性

少数民族教师教育地方课程建构必须保障民族教育之民族性的基本需要。关于"民族性"的多重含义，总的来说有三种："第一，ethnicity 是一种社会实体，与 ethnic group 等同；第二，ethnicity 是一种社会意识，是人们对群体差异和不同群体之间的社会边界的感知，是'我们'与'他们'之间差异的确认；第三，ethnicity 既是一种社会实体，也是一种社会意识。"① 少数民族教师教育地方课程的民族性即在课程建构与知识选择过程中，按照课程建设的基本原则与总体目标，对不同民族的历史、文化、艺术、本土知识等进行教育整合而体现出的民族文化特性。其具体表现为课程目标与民族教育、文化、社会以及个体发展之本体需要的契合，与提升民族学生的民族意识、民族文化认同、民族自尊心的教育需要契合，与传承区域少数民族优秀文化传统、培养服务于民族社会的需要的契合；课程内容对地方性知识与民族地区传统文化内在价值观念、民族历史、民族文学、民族习俗等的选择与融入；课程实施与民族学生的文化心理、认知模式与生活境遇相契合；课程评价与民族学生在知识与能力方面的提升相契合，不以民族学生学业成败评价学生的发展。任何教育的产生、发展都与特定的民族文化传承和发展相适应，每一个民族的学校课程都是其民族文化的特殊载体。民族文化作为课程的母体决定了课程的文化品性，其折射和反映出各民族文化的发展现状与特点。抛开文化，课程就失去了其发展的根基，沦为无源之水、无本之木。正如汪霞所言，"民族化是现代课程的根基，任何一种形式的现代课程都只能是在民族传统基础上的课程现代化"②。纵观当前民族师范院校教师教育课程，从课程结构、课程内容、课程实施与评价等方面都呈现出与非民族地区教师教育课程同质化的现象，忽视了民族地区教师教育民族性对地方课程的需求。

（三）民族师范院校教师教育地方课程建构缺乏应有的科学性

少数民族教师教育地方课程建构必须遵循教师教育活动的基本规律、地方

---

① 高永久，秦伟江．"民族"概念的演变［J］．南开大学学报（哲学社会科学版），2009（6）：126－135.

② 汪霞．从文化的变迁看课程的改革与发展［J］．外国教育资料，1999（3）：27－31.

性知识的内在逻辑以及民族教师专业发展需要，体现应有的科学性。首先，从课程目标上看，少数民族教师教育地方课程建构必须符合《教师教育课程标准（试行）》的要求，以促进中小学专业发展为目标，以提高教师素质为根本宗旨。民族地区中小学教师是民族学生发展的促进者，他们肩负着引导学生学习知识、健康成长的教育使命。因而，地方课程建构必须有助于民族教师形成正确的知识观、儿童观、教师观和教育观，使他们对地方性知识有正确的认识，对少数民族学生的文化心理特点有相应的了解，对民族地区基础教育及教师的文化与教育使命有科学的认识。只有如此，少数民族教师方能在满足新时代教师专业知识与能力的基础上，掌握应有的地方性知识与具备教学能力，实现自身专业特色化发展，并在教育教学中能够根据民族学生的身心特点与文化背景因材施教，促进民族地区基础教育国民性与民族性的融合和会通。其次，从课程知识选择上看，建构少数民族教师教育地方课程，应该将具有时代价值与教育意义的地方性知识纳入课程，避免知识选择中泥沙俱下，影响地方课程的科学性与教育性。因而，地方课程建构主体必须对纷繁复杂的地方性知识进行甄别和选择，将符合民族经济、社会与文化发展需要的知识纳入课程，并在中国特色社会主义理论指导下做出科学阐释，使其价值依托学校教育得以发扬和传播。同时，人们必须改变对地方性知识及其价值的传统认识，正视民族地区地方性知识与主流文化知识的平等地位，使地方性知识得以在学校场域内与主流文化知识展开交流对话，进而建立相互补充、和谐共生的关系。最后，基于地方性知识的生活化、情境化特点，少数民族教师教育地方课程必须与民族学生生活世界紧密联系，将地方性知识教学与民族生活实际联系起来，提高地方课程的真实性与生动性。当前大多数民族师范院校在开发地方课程时，鱼龙混杂、泥沙俱下，使部分文化糟粕进入课程，这将严重影响课程的教育性。同时，零散和良莠不齐的地方教材使地方性知识选择与组织的科学性大打折扣，影响了民族师范院校地方课程建构与实施的质量。

（四）民族师范院校地方课程缺乏应有的发展性

少数民族教育兼具民族性与国民性的双重属性，它既承担着向少数民族新生代传递现代性知识以实现民族地区社会现代化的任务，也肩负着推动少数民族传统文化传承与创新的使命。随着社会的进步，民族教育现代化水平已经成为考量民族社会现代化程度的重要指标之一。"教育现代化的本质是教育现代性的增长，教育现代性的框架由教育的人道性、多样性、理性化、民主性、法治性、生产性、专业性等构成，教育现代化的目标是促进人的现代化和社会的现代化。"① 首先，教育现代化是民族地区社会现代化的基础，而民族教师是民族教育现代化的中坚力量，民族教师的整体素质决定了民族教育现代化的水平，也间接决定了民族地区社会现代化的水平与进程。在建构少数民族教师教育地方课程的过程中，课程知识选择必须有助于教师改变传统的教育观、知识观、学生观等，全方位提高民族地区教师队伍的整体素质，为民族地区教育从传统向现代转型提供保障。其次，在民族地区新课程改革中，民族教师是地方课程建构与实施的主体，其地方性知识的丰富度及其对地方性知识进行深度诠释与发展的能力，直接影响地方课程建构与实施的质量。要建构高质量的地方课程，必须丰富民族教师的地方性知识；要提高地方课程实施的质量，必须提高民族地区教师深度阐释与传递地方性知识的教学能力。因而，少数民族教师教育地方课程建构必须有助于民族教师地方性知识及其教学能力的发展。最后，地方性知识与普遍性知识一样，都有其自身发展逻辑与内在张力，都会经历矛盾运动的发展历程。在当前科学技术与理性文化为主导的时代，要充分发挥民族地区地方性知识的价值，必须对地方性知识进行合理的扬弃，舍弃其中不适应时代发展需要的知识，对仍具有时代价值的地方性知识进行诠释与重构，以促进地方性知识的发展。当前大多数民族师范院校地方课程都存在浅层化、形式化问题，未结合时代需要对地方性知识进行甄别与阐释，使地方性知识处于静态与保守的传承状态，缺乏应有的时代性与发展性，成为民族师范院校地方课程开发与实施的障碍。

四、民族师范院校教师教育地方课程建构的优化策略

地方性知识与普遍性知识本质上并无优劣之别，开发少数民族地区地方性知识既是民族教育现代化的知识基础，也是多元文化教育背景下教师专业发展的内在需要。在当前形势下，只有深刻审视地方性知识的特点与民族教师教育

---

① 褚宏启. 教育现代化的本质与评价 [J]. 教育研究，2013（11）：4 – 10.

的发展需要，方能提高少数民族教师教育地方课程建构质量。

（一）加强地方课程建构主体间协同合作

地方课程建构与实施中的多元主体协同合作至少包含地方性知识占有主体的协同合作、地方课程建构与实施主体的协同合作。就地方性知识的分类与占有而言，民族地区地方性知识类目繁多，不同领域有不同类型的地方性知识，个体在民族社会中的角色决定其所拥有的地方性知识类别，在社会分工与职业划分相对明晰的民族社会，地方性知识占有主体必然呈现多元化。通常情况下，工匠技术人员掌握着技术类地方性知识，民间艺人掌握着艺术类地方性知识，劳动生产者掌握着生产性地方知识。建构系统性的教师教育地方课程，避免地方课程建构中知识选择的零散化、碎片化，必须充分调动民族地区地方性知识多元主体积极性，对不同类型的地方性知识进行课程整合，尽可能展现民族地区地方性知识的全貌，使民族教师系统与全面地学习地方性知识。在我国民族地区，自治区或省、市、县三级教育行政部门通常是地方课程建构与知识选择的主体，民族教育学者、地方学校与骨干教师是地方课程开发的补充力量。这就使民族地区地方课程建构出现"为了他们"（for them）"通过他们"（by them）和"我们自己"（ourselves）三种形式（陈伯璋，1999）。其中，"为了他们"（for them）的课程开发形式，通常基于民族地区教育现代化需要，以普遍性知识的标准对地方性知识进行甄别与选择，因而地方课程难以深入阐释地方性知识的内在价值，成为学校课程的"点缀""花边"。"通过他们"（by them）的地方课程建构形式较之"为了他们"（for them）而言，一定程度上体现了地方性知识研究主体与地方课程实施主体的参与，然而其仍然无法逃离"局外人"的文化视界。只有基于民族教育民族性与少数民族教师教育专业发展需要的"我们自己"（ourselves）的地方课程建构才能真正实现以"文化持有者"的内部视界对地方性知识进行课程整合与教育阐释。少数民族教师教育地方课程建构，必须科学考量地方性知识多元占有主体、地方课程多元建构与实施主体的地位和作用，加强多元主体间的协同合作。

（二）深化民族地区地方性知识的学科整合

民族地区地方性知识种类繁多、纷繁复杂。马戎（2010）将地方性知识分类为"传统文化知识：如地区历史、民族史、古代文物、传统民间习俗、传统民居建筑等；现代化进程中的经济和社会体系：新式灌溉系统、交通体系、森林公园、自然保护地（博物馆、展览馆、图书馆等）、文化设施、特色产业（新开发的地方食品，手工艺品等）等"。邢启顺（2006）将地方性知识分为"精神文化：社区信仰、宗教、文学艺术、价值、审美、思维意识等，包括各种哲学思想，如自然观、宇宙观、人类起源发展观、社会思想伦理；物质文化：生产生活用具、家居建筑、饮食、服饰、交通等"。不管对地方性知识进行何种类型的划分，无一例外地都体现了地方性知识类型多样、品目繁多的特点。因而在建构教师教育地方课程时，应对纷繁复杂的地方性知识进行甄别和选择，结合时代精神与教育需要做出理论阐释，并依据现代知识类型学对其做出归类梳理，增强地方性知识的明晰性与系统性。例如，可以将少数民族生产、建造等技术性知识归入一类，建构少数民族教师教育民间工艺技术课程，使民族教师对技术类地方性知识有整体的了解，如铜仁幼儿师范高等专科学校开发的《玉屏箫笛制作教程》《土家锦织教程》《苗族蜡染教程》等。亦可以将各少数民族地区戏曲、舞蹈、音乐、歌舞等艺术类知识进行整合，建构民族艺术课程以供民族地区教师学习。例如，铜仁幼儿师范高等专科学校开发的《土家花灯》《摆手舞》《土家山歌》《土家儿歌》《侗族大歌》等课程。可以将少数民族祭礼仪式、民族史诗等进行整合，建构如《土家族源流考》《苗族发展史》等课程，对各少数民族发展变迁的历史过程进行梳理，并深度阐释文化发展过程中少数民族世界观、人生观、教育观等意识形态的变迁及其意义。如此，少数民族教师教育地方课程建构方能避免当前地方课程开发中普遍存在的碎片化、浅层化等问题，切实提高民族教师的地方性知识与教学能力。

（三）建构走向民族生活世界的实践课程

民族生活世界是地方性知识赖以存在的基础，也是地方性知识传承与发展的动力和源泉。地方性知识的经验性与生活性要求在地方性知识学习过程中，应加强与本土人民的交流、对话，通过参与少数民族群体日常生活、节日活动、祭礼仪式等切身体验和感悟来理解地方性知识。民族地区地方性知识的经验性与生活性还要求学习者必须借助参观、考察、访问等田野形式，走进本土人的精神世界，以"文化持有者的视界"体察本土人民的思想感情，获得对地方性知识的准确认识。地方性知识的经验性与教师教育的实践性可以说是不谋而合的。关于教师教育的理论取向与实践取向的分歧长期存在，这一分歧也随着"作为实践者的教师"的提出与共识形成而逐渐明晰。事实上，教师教育必须贯彻理论与实践相结合的原则，全面提高教师的专业知识与能力，不容任何偏废。基于少数民族教育的双重属性，少数民族教师教育及其课程设置也就相对复杂。然而，单就民族地区教师专业发展与教育教学工作对地方性知识及其教学能力的需求而言，除了在民族文化分类课程中获得外，扎根民族生活世界的实践课程是其又一重要来源。少数民族地区地方性知识既有显性知识也有隐性知识（缄默知识），其中隐性知识的习得更加依赖于学习者的主动参与和亲身体验。如水族的"尼霞"祭礼及其水族水灵崇拜思想的习得，就必须借助于祭礼仪式。水族对水的崇拜，一方面是基于水对生产生活的重要性的认识；另一方面是基于在贵州喀斯特地貌条件下，水族所处九阡地区丰富的水资源所带来的富足生活的感恩。诸如祭礼类地方性知识，通过亲身参与获得显然更加容易和深刻。再如土家锦织的文化内涵与技术精要的习得，必须建立在深度参与和反复实践的基础上方能完成。苗族蜡染的文化意蕴与浸染技术也必须在长期的实践与观摩中获得。就少数民族文化的共同特点看，受文字与书写的影响，民族地区地方性知识大多以缄默知识的形态存在，因而，民族生活世界也就成为少数民族教师教育地方课程的实践部分。

（四）建设具有民族文化特色的隐性课程

文化之于个体与社会的价值在于其"以文化成"。从课程视角看，校园文化作为隐性课程对学生具有濡化与陶冶作用，因此，少数民族教师教育机构必须把特色校园文化建设作为地方课程建构的组成部分，给学生与民族教师营造具有地域文化气息的校园环境。作为隐性课程的校园文化建设，至少应包括物质文化和精神文化两方面。就校园物质文化建设方面，校园建筑不应只追求其现代建筑简约、时尚的外在风格，因为从力学、数学和美学等方面看，现代钢筋混凝土结构建筑并不比民族地区传统建筑体现出更高的水准。民族地区学校（包括教师教育机构）校园建筑应该注重校舍、教学楼等建筑与地域文化特征的融合。此外，少数民族教师教育学校可以搜集、整理少数民族文化与地方性知识文本，建设地域民族文化博物馆与文化展廊，增强校园文化的地域性、民族性。在校园生态文化建设方面，生态环境建设体现出地域民族风情，使民族学生从日常生活、学习环境中获得情感与精神的陶冶。作为隐性课程的校园精神文化建设，应该包括校园文艺活动、文化氛围、社团组织建设等方面。教师教育学校应组织与开展民族文化、艺术表演类校园活动。例如铜仁幼儿师范高等专科学校一年一度的"民族文化艺术节"，其中包括土家花灯、千人摆手舞、侗族大歌、苗族山歌、土家歌舞剧等节目表演。在少数民族代表性节日如彝族火把节、瑶族达努节、傣族泼水节期间，进行节日文化宣传与表演，促进不同民族学生与教师的文化交流学习。教师教育学校应引导并组织社团、协会定期开展活动，如举办民族文学征文比赛、民族知识竞赛、民族经典古诗词朗诵比赛等，播放少数民族精品影片、纪录片等，以增强校园的民族文化气息。此外，作为隐性课程的校园文化建设，应积极利用校园广播、电视、橱窗、黑板报、宣传栏、报纸、杂志等媒介与现代互联网技术，广泛而深入地宣传与阐释民族地区本土文化和地方性知识，促进校园文化民族性与现代性和谐统一。

参 考 文 献

［1］盛晓明.地方性知识的构造［J］.哲学研究，2000（12）：36－44.

［2］蒋红斌.地方性知识与地方课程开发——一种批判性反思［J］.教育研究与试验，2003（4）：69－72.

［3］曾宝成.地方性知识的教育价值及其开发［J］.湖南农业大学学报（社会科学版），2011（12）：84－87.

［4］［波兰］弗·兹纳涅茨基著，郏斌祥译.知识人的社会角色［M］.南京：译林出版社，2012.

［5］郑也夫.知识分子研究［M］.北京：中国青年出版社，2004.

［6］中华人民共和国教育部.国家中长期教育改革和发展规划纲要［Z/OL］.教育部网站，http：//old.moe.gov.cn/publicfiles/business/htmlfiles/moe/info_list/201407/xxgk_171904.html，2010－07－29.

［7］中华人民共和国教育部.关于大力推进教师教育课程改革的意见［Z/OL］.教育部网站，http：//old.moe.gov.cn//publicfiles/business/htmlfiles/moe/s6136/201110/125722.html，2011－10－8.

［8］高永久，秦伟江．"民族"概念的演变［J］．南开大学学报（哲学社会科学版），2009（6）：126－135.

［9］汪霞．从文化的变迁看课程的改革与发展［J］．外国教育资料，1999（3）：27－31.

［10］褚宏启．教育现代化的本质与评价［J］．教育研究，2013（11）：4－10.

［11］陈伯璋．新世纪教育发展的回顾与前瞻［M］．台北：丽文文化事业股份有限公司，1999.

［12］马戎．如何思考我国少数民族地区乡土教材建设［J］．北京大学教育评论，2010（1）：179－187.

［13］邢启顺．乡土知识与社区可持续生计［J］．贵州社会科学，2006（5）：76－77.

［14］张晓松．符号与仪式——贵州山地文明图典［M］．贵阳：贵州人民出版社，2006.

民生视角下边疆民族地区教师队伍
建设问题研究

——以广西东兴市为例

鲁文文　陈　荟*

摘　要： 边疆民族地区教育事业是关乎当地经济社会发展的重要民生事业，而教师队伍是发展教育事业的关键所在。通过对广西东兴的调研发现，该地区存在着教师队伍学科结构性紧缺，教学积极性不高，职业认同感不足和流动性较大等问题。究其原因，主要是财政投入力度有限，教师职业信念不强，民众意识有待提高等。基于此，建议完善待遇保障机制、调整教师结构、引导教师增强职业信念、引导民众提高对教育的重视程度等，共同推进教师队伍建设。

关键词： 民生；边疆民族地区；教师队伍建设

　　教育是民族振兴、社会进步的基石，是提高国民素质、促进人的全面发展的根本途径，也是改善人民生活的本源力量。我国边疆民族地区大多是少数民族聚居地，民族教育发展状况如何，不仅直接影响民族地区教育质量及区域经济协调发展，还关系到民族文化传承、民族团结、边疆稳定、国防安全等重大问题（钟海青、高枫，2011），诚然，也关系到人民群众的生活质量，然而稳定且高质量的教师队伍是教育优质与否的关键因素。在国家对民族自治区特别

---

　　* 鲁文文，西南政法大学高等研究院讲师。研究方向：教育学原理、教育政策。陈荟，西南大学西南民族教育与心理研究中心副教授、硕士生导师。研究方向：教育学原理、教育政策。

是边疆民族地区颁布的一系列政策的促进下，广西边疆民族地区的经济社会发展稳步前进，而教育水平尤其是师资力量却没有达到相应的要求，造成教育水平与经济水平的强烈反差，究其原因，师资力量薄弱是造成教育水平落后的关键因素，因此，对于边疆民族地区来说，如何建立一支数量充足、结构合理、专业素质过硬的教师队伍显得尤为重要。工作能力的强弱是评价师资队伍优秀与否的标准之一，然而教师的生活质量又是其专业发展的重要物质基础，教师的生活水平决定着教师生活方式的选择，也反映了教师的社会地位，更影响着教师的工作积极性及教育事业的发展。

一、广西东兴市社会发展概况

东兴市位于广西壮族自治区南部，东南濒临北部湾，西南与越南接壤，是我国唯一与越南海陆相连的国家一类口岸城市，由防城港市代管，是我国出入境人数最多的三大陆路边疆口岸之一。东兴市辖 3 个镇，分别为东兴镇、江平镇和马路镇，市人民政府驻东兴镇，行政区域面积 588.78 平方千米。2014 年末人口 14.13 万，有壮、瑶、京等少数民族 5.21 万人，少数民族人口占总人口的 36.9%，其中京族人口 2.09 万，是国内京族唯一聚居地。旅游景点京岛风景名胜区（即京族三岛）是京族的主要聚居地，总面积 20.8 平方千米。东兴市经济发展状态良好，2014 年实现地区生产总值 80.98 亿元，其中第一产业产值 13.79 亿元，第二产业产值 34.95 亿元，第三产业产值 32.24 亿元。人均地区生产总值 53309 元，城镇居民人均可支配收入 31363 元，农村居民人均纯收入 11860 元，京族已被称为我国最富有的少数民族之一。[①] 东兴市先后四次被纳入国家发展战略：1992 年，成为国务院批准设立的 14 个国家级边疆经济合作区之一，同年设立东兴经济开发区；2008 年，东兴市成为广西北部湾经济区五大功能组团之一；2010 年，党中央、国务院在《关于深入实施西部大开发战略的若干意见》中，明确提出加快推进东兴重点开发开放试验区建设，2012 年 7 月 9 日正式批复试验区建设实施方案；2012 年成为沿边金融综合改革试验区。除此之外，东兴市享有国家、自治区和防城港市多项叠加的优

---

① 广西壮族自治区地方志编纂委员会. 广西年鉴 2015 ［J］. 广西：广西年鉴社，2015：361.

惠政策。为加快边疆民族地区经济社会发展，2000 年中华人民共和国国家民族事务委员会（以下简称"国家民委"）发起了"兴边富民行动"，2007 年国务院颁布了《兴边富民行动"十一五"规划》（以下简称《规划》），把兴边富民行动提升到了国家规划的高度，并在《规划》中指出要"优先发展教育事业"。2015 年 12 月，国务院又出台《关于支持沿边重点地区开发开放若干政策措施的意见》，对东兴市又是重大利好。可以说，东兴边疆民族地区在国家一系列政策中得到了较大的发展。

二、广西东兴市教师生存发展现状及其存在的问题

近年来，民族地区教师队伍的建设日益得到党和国家的重视，并制定出一系列政府法规来提升师资水平，1993 年颁布了《中华人民共和国教师法》，并明确规定"各级人民政府应当采取措施，为少数民族地区和边远贫困地区培养、培训教师"；1999 年颁布的《中共中央 国务院关于深化教育改革，全面推进素质教育的决定》提出"采取优惠政策，吸引和鼓励教师到经济不发达地区、边远地区和少数民族地区任教"；2001 年国务院发布《国务院关于基础教育改革与发展的决定》，强调"对贫困地区教师应实行免费培训"；2006 年《中华人民共和国义务教育法》规定"在民族地区和边远贫困地区工作的教师享有艰苦贫困地区补助津贴。国家鼓励高等学校毕业生以志愿者的方式到农村地区、民族地区缺乏教师的学校任教"；2015 年国务院办公厅颁布《乡村教师支持计划》，强调"全面落实集中连片特困地区乡村教师生活补助政策……各地要依法依规落实乡村教师工资待遇政策，依法为教师缴纳住房公积金和各项社会保险费"。广西壮族自治区教育厅也颁布了一系列政策措施以促进当地师资队伍建设，如《关于"十五"期间加强我区中小学师资培训工作的意见》提出了"优化培训资源，提高培训质量、进一步加强师资培训基地建设，改善办学条件、建立合理经费分担机制，保证师训经费来源"等措施；《广西壮族自治区实施〈中华人民共和国教师法〉办法》明确禁止拖欠教师工资，并指出教师与当地公务员享受同等的医疗待遇；2016 年广西实施的《广西壮族自治区乡村教师支持计划实施方案（2015—2020 年)》强调要"着力提高乡村教师待遇，对集中连片特困地区乡、村学校及其他地区教学点教师，自治区统筹

资金按每人每月不低于 200 元的标准予以奖补"等。

由此可见，在对师资队伍进行建设之时，切实提高教师的工资性收入已成为关键一环。在高速发展的现代社会，工资成为个人收入的主体部分，工资的高低常常与个人的经济地位、社会地位挂钩，而经济地位、社会地位是教师话语的底气和信心，在教师还在为经济来源发愁时，要学生相信"读书改变命运、知识就是力量"就是空谈，对边疆民族地区学生来说更是如此。东兴市作为中国陆地边疆线起点、大陆海岸线最西南端，是中国—东盟自由贸易区和"两廊一圈"、泛北合作"一轴两翼"的核心地带，其师资队伍建设在经济社会迅速发展背景下现状如何？存在怎样的问题？本文基于此目的，从民生的视角以及教师的基本生活状况和教师队伍发展状况出发，探讨广西边疆民族地区教师队伍建设现状及现存问题，为进一步改善民族地区教师民生状况、建立优质教师队伍提供切实可行的对策和建议。

2019 年，全市中小学在校生数 36713 人，专任教师 2328 人，当年招生 9161 人，毕业生 7529 人。其中，普通中学 8 所，专任教师 813 人，在校生 11260 人，当年招生 3905 人，毕业生 3925 人；普通小学 51 所，专任教师 1515 人，在校生 25453 人，当年招生 5256 人，毕业生 3370 人。幼儿园 110 所，在园儿童数 15047 人。[①]

教师的基本生活状况是其专业发展状况的物质基础，本文主要从教师的工资性收入和福利性收入来考察教师基本生活现状。

（一）教师工资性收入现状及问题

东兴市现行的教师工资分配制度主要为 70% 的基本工资加 30% 的绩效工资，据考察了解，目前东兴市高级教师工资可达 6000 元左右，扣除五险一金及其他应缴费用到手 5000 元左右，其他教师平均工资也可达 2000 元左右。就数值来说，东兴市教师工资与其他民族地区教师工资相比处于中上水平，经深入调研发现，受经济社会发展水平影响，该地教师对工资性收入并不是很满意，仍存在一些问题值得我们关注。

---

① 2019 年东兴市国民经济和社会发展统计公报 ［EB/OL］. 防城港市政府网，http：//www.fcgs. gov.cn/xxgk/jcxxgk/tjxx/qxtjgb/202009/t20200915_168659.html，2020 – 11 – 09.

2019 年，东兴市城镇居民年人均可支配收入 42704 元（月平均 3558.67 元）[①]，与之相比，当地教师的收入却不尽如人意，这在一定程度上影响了教师工作积极性。诚然，东兴市教师收入水平较其他民族地区而言处于较高水平，但在不同经济发展背景下，民族教师的待遇问题有必要进行具体问题具体分析。因此，本文从民生的视角出发、从教师的基本生活状况出发，探讨广西边疆民族地区教师队伍建设现状及现存问题，为进一步改善民族地区教师民生状况、建立优质教师队伍提供切实可行的对策和建议。

1. 工资分配制度不合理

工资是民生之本，是教师生活的基本保障。我国现行的教师工资分为基础型和奖励性两部分，基础型工资占工资总量的 70%，奖励性工资占 30%，奖励性工资主要在年终由当地政府统一发放。目前东兴市教师工资也是按照此制度发放。但是，据笔者考察了解到，当地教师对此分配制度存在不满，主要是由于该项制度是将教师每月工资的 30% 扣除，即老师每月只得到其工资的 70%，年终时将所有教师扣除的 30% 工资汇总，再根据教师工作成绩进行分配，作为奖励性工资。有老师反映，从个人工资中抽取部分作为奖励一定程度上影响了老师教学的积极性，他们认为，奖励性工资应是教师工资应得范围之外、政府出资的，因此，希望对此工资制度进行改革。

东兴市 J 中学的领导在谈到此问题时如是说：

Q：目前的工资制度是怎样的？对此有什么看法？

A：绩效工资将教师个人的工资扣除 30% 作为绩效工资，这一点我觉得政府应该正确改革一下。这个问题我与防城港市领导也讨论过，我认为这样的做法是不对的，绩效奖应该是工资以外的，将自己的工资扣除 30% 作为绩效工资不合理。例如，我的工资是 5000 元，扣除 30%（即 1500 元），只得到 3500 元。

Q：除了这 30%，政府还会额外奖励吗？

A：额外奖励没有。只有所有人（例如公务员）都有的福利我们才有。把我们的 30% 扣除当作奖励是不太合理的。希望政府能改革一下。

---

① 2019 年东兴市国民经济和社会发展统计公报［EB/OL］. 防城港市政府网，http://www.fcgs. gov. cn/xxgk/jcxxgk/tjxx/qxtjgb/202009/t20200915_168659. html，2020 – 11 – 09.

2. 与当地公务员、学生家长及其他行业人员相比，教师工资处于中下水平

教师对社会的发展具有促进作用，教师职业应该拥有较高的福利待遇，《中华人民共和国教师法》规定"教师工资要略高于当地公务员10%"，但是据考察了解，东兴市学校教师的工资与公务员、学生家长或其他行业人员相比，属于中下水平。由于东兴市地处中越边疆，不少学生家长从事边贸生意，家庭状况良好，收入大都比教师高，盖上了楼房。待遇的缺乏在一定程度上影响教师的工作热情，同时也降低了教师在社会中的地位。

在考察组访谈到本地教师工资与岛上居民收入相比时，东兴市Z学校领导作出了如下回答：

Q：教师的经济收入与咱们当地居民的收入相比怎么样？

A：咱们教师的收入比公务员低。我们的工资可能只高于少数居民，因为本地大多数居民都是做生意的，一年能赚十几万元、几百万元。我们的工资收入属中下水平，不算高收入人群。

可见，在当地教师看来，他们的工资水平是没办法与当地公务员、当地居民的工资水平相提并论的，显然，这会使教师内心产生极大的失望情绪，影响他们的从教积极性，也削弱了他们为教育事业奉献的热情。

3. 当地物价水平偏高增加教师生活压力

东兴市作为我国唯一与越南海陆相连的国家一类口岸城市，地理位置优越，长期以来受到国家、政府多项政策的照顾，特别是自2010年广西壮族自治区首府南宁市成为中国—东盟自由贸易区核心城市后，东兴市的发展更是日新月异，2019年，GDP达到了80.73亿元。[①] 2015年达到了93.21亿元。经济的腾飞造成物价上涨，东兴市边疆民族地区教师的工资水平与其他民族地区相比已属于中上水平，但在当地还属于中下水平。由于边疆民族地区的口岸经济，不少百姓从事边疆贸易，无形中推高了边疆民族地区的物价水平，使得边疆民族地区的消费水平与广西壮族自治区首府南宁市的消费水平不相上下，甚至造成边贸比较活跃的东兴市的消费水平还略高于南宁市。因此，当地教师的

---

① 2019年东兴市国民经济和社会发展统计公报［EB/OL］. 防城港市政府网，http://www.fcgs.gov.cn/xxgk/jcxxgk/tjxx/qxtjgb/202009/t20200915_168659.html，2020 - 11 - 09.

工资水平处于绝对值不低但相对值偏低的状态，在这样的背景下，教师的生活压力进一步加大。

在谈到口岸经济时，东兴市 J 中学的某位校长提道："口岸经济、走私经济对我们的冲击是蛮大的，不单是对学生，对我们老师也有一定影响，口岸经济、走私经济败坏社会风气、拉高物价指数，对民族教育影响是很大的。"

（二）教师福利性收入现状及问题

"福利"在《辞海》中的解释为生活上的利益，特指对职工生活（食、宿、医疗等）的照顾。东兴市教师的福利性收入主要包括乡村教师补贴、周转房优惠等。2015 年，国务院办公厅为加强教师队伍建设，缩小城乡师资水平差距，让每个乡村孩子都能接受公平、有质量的教育，颁布了《乡村教师支持计划（2015—2020 年)》，广西壮族自治区根据实际情况，特制定出《广西壮族自治区乡村教师支持计划实施方案（2015—2020 年)》，规定"对集中连片特困地区乡、村学校及其他地区教学点教师，自治区统筹资金按每人每月不低于 200 元的标准予以奖励"。目前，东兴市乡村教师每人每月享有 300 元的补贴。同时，2014 年东兴市政府投入 300 万元，完成 48 套边远地区教师周转房，建筑面积达 1920 平方米；2016 年建成教学点的教师周转房 21 套。由此可见，国家为改善教师生活环境出台了一系列政策，但在教师福利性收入方面仍存在一些问题值得我们关注。

1. 交通便捷，车补成为教师愿景之一

东兴市下辖三个镇，分别为东兴镇、江平镇和马路镇，城乡之间交通方便，从各个镇出发，不到半小时便可到另一个镇，并且从乡镇中心都有通往各个村的马路，便捷的交通改善了人民生活，给老百姓带来了方便。据考察了解，在乡镇学校工作的教师有些居住在本镇，有些居住在东兴市里，而居住在东兴市里的部分教师告诉我们，他们在无形中有着一份负担：居住在东兴市的教师晚上下班后开车或坐公交车回市里，第二天早上很早就要开车到校上班，而他们的车费、油费都是由自己支付，没有车补。因此，他们很希望像公务员一样享受车补。

2. 学校安排单间，但购房压力仍然存在

据了解，已婚的教师一般会自己购房，但也有个别尚未购房。未婚的教师如未购房则可住在学校安排的单间，由此可见，虽然目前每人都能安排单间，但这些教师仍旧没有属于自己的房子。如何解决教师住房问题，改善住房条件是一个亟待解决的问题，教师是一种职业，但教师也是有家人的个体，因此，住在学校宿舍或自己租房并不是长远之计。在房价飞涨的今天，教师住房如果完全靠自己解决，就进一步加大了教师们的经济压力。

三、广西边疆民族地区教师队伍发展状况及现存问题

教师职业是一项专业工作，教师也是专业人员，教师专业发展是指教师在专业思想、专业知识、专业能力等方面不断发展和完善的过程。本文主要从教师个体的专业发展及教师队伍的整体建设方面对教师职业发展状况进行考察。表 1 为东兴市部分学校师生人数基本情况统计表。

表1 东兴市部分学校师生人数情况

师生人数	小学		中学		九年一贯制
	东兴市第二小学	江龙小学	东兴中学	江平中学	京族学校
教师人数	教师145人（其中在编81人，在校教师71人）	教师26人（其中在编20人，顶岗6人）	教职工195人（其中专任教师189人，高级教师24人，中级教师91人）	教职工89人（其中在编不到80人，专任教师72人，高级教师7人，中级教师42人）	教职工68人（其中专业教师56人）
学生人数	2683人	491人	2700人	1247人	1096人

资料来源：考察所得。

（一）音体美及双语教师普遍缺乏，教师日常工作量加大

随着教育改革的推进，教师工作量也在持续加大，在一定程度上影响教师身心健康和教学质量。调查显示，我国中小学教师的平均周工作时间达到了54.5小时，而实际用于课堂教学的时间不足总工作时间的1/4（李新翠，2016），造成这一现象的主要原因是教师除了工作日在校工作外，还得拿出自己晚上以及周末的时间继续工作，如备课、批改作业、家访等。在广西边疆民族地区东

兴市，除了上述原因造成教师工作量加大以外，还有一个原因也在一定程度上加重了教师的工作压力，即在民族地区，音体美及双语教师普遍缺乏，相应的音乐、体育、美术等课往往由语文、数学等学科教师兼任或者一名专业教师任教整个学校所有班级的该科目，一方面教学质量受到影响，另一方面也加大了教师的日常工作量。

（二）教学积极性不尽如人意

教师的数量和质量会影响教育事业的发展，而教师的积极性又是影响教学质量的重要因素。教师教学积极性受诸多主客观因素的影响，在考察中我们了解到，东兴市民族地区教师积极性主要受以下两个方面的影响。

第一，收入与村民及其他行业人员相差较大。如前所述，当地教师收入属于中下水平，与其他民族地区相比，收入绝对值较高，但在当地经济社会发展的背景下，教师收入与村民及其他行业人员相比仍存在一定差距，甚至差距较大。20 世纪 90 年代，东兴市成为中越边疆开放口岸，不少京族人民通过自己的劳动，利用语言优势，开展边疆贸易、渔业等工作，逐步走向富足道路。据了解，京族三岛（澫尾、巫头、山心）居民月人均收入都达到万元以上，与此相比，教师的收入就显得不值一提了，有时甚至还比不上居民做一笔生意的利润。物质生活的满足是教师群体的基本需要，待遇的高低、生活条件的优劣会在一定程度上影响教师的积极性。

第二，达到较高职称后的职业倦怠。任何人都希望得到荣誉，并对取得成就有着强烈的欲望，追求荣誉和成就是教师工作积极性的动力之一，但是，在考察中了解到，有些教师在取得较高职称后出现了职业倦怠的现象。

东兴市某小学校长在访谈中告诉我们：

教师积极性方面有些不尽如人意的地方，特别是有一些老师，取得相应的高级职称之后，就认为自己"到顶"了，教师的职业倦怠现象就出现了。如何增加教师工作积极性、再提高一个层次，这是一个难点。

（三）职业认同感及社会认可度有待加强

教师和医生一样，是一项特殊的职业，其特点在于它的不可逆转性，所以教师需要拥有坚定的职业认同。虽然每天工作很辛苦，但有的教师却乐在其中，其原因就在于他有着强烈的职业认同和兴趣，相反，有的老师缺乏相应的职业信念，只把教师当作一种谋生的手段，那么工作对他来说便是一种"煎熬"。同时，教师对自身的看法以及社会大众对教师群体的看法，也会影响教师的职业认同感。据了解，在当地流行着一句俗语，其大致意思是"一个小教师，有什么了不起"，这句俗语在一定程度上说明了社会大众对教师社会地位的认定较低，这严重影响着他们的职业认同感。此外，家长对教师的认可及其教育观念也会影响学生的学习积极性。通过考察了解到，不少学校老师和村委领导都反映，由于家境尚可，部分本地人对孩子的教育观念淡薄，致使不少孩子受家庭的影响，没有意识到读书的重要性，说明教师职业的社会认可度有待加强。下面是东兴市 Z 学校领导及某村村领导的访谈记录：

东兴市 Z 学校领导：

本地人对教育的观念非常淡薄，把孩子送来了，好坏都是学校的，家庭教育和学校教育衔接得不够好，家长的教育意识还没有养成。家庭条件好，学生条件好了不想学习，但是他们又不得不来学习。

某村村领导：

本村读书的小孩，以前没钱时读书的人比现在有钱的人读书认真。现在有钱用能读书就读，不能读就算了。我认为教育应该加强，学校教育后，回到家里应该有一位文化较高的家长进行辅导。但目前家长的意识还没到这个地步，主要是想赚钱，没有想过如何培养小孩的问题。

（四）教师队伍流动性较大

师资结构的稳定是办好教育的前提，而边疆民族地区教师工资相对较低、超编现象严重、职称晋级名额有限（以 J 中学为例，该校有编制的教师达 72人，其中高级教师 7 人，中级教师则达到 41～42 人之多，主要原因就是没有名额，使不少已具备高级教师资格的教师只能拿中级水平工资），致使教师队伍流动较大。在东兴市各学校考察期间，基本每个学校领导都提到了教师队伍存在不够稳定的问题。据了解，教师流动主要分为离职和调往市里的学校两种情况，东兴市 J 中学 2003 年至今教师离职的去向主要有：继承家族产业、去广东打工、与别人合开法律事务所、做边贸生意等；同时，绝大多数教师流动还是因为工作调动，想去东兴市里工作，一是交通方便，二是生活条件更好。

东兴市 D 小学校长在谈到本校师资流失时提道："本校教师考出去的多，主要是因为没有编制，其中不乏骨干教师"，Z 学校领导也介绍道："我们这里很多优秀老师都往市里面调，我们刚刚培养一个、成熟一个就调往市里，都是教学上的精英，所以我们有很多优秀的师资流失了。"教师队伍特别是优秀师资流动的频繁给本就缺少师资的边疆民族地区加重了负担。

四、广西东兴市教师生存发展问题的原因分析

教师的生活水平是其职业发展的重要物质保障，师资队伍建设的好坏与教师群体待遇的高低有着密切的联系。广西边疆民族地区教师队伍的收入水平、社会地位迟迟得不到改善的原因，既有其他民族地区普遍存在的共性，也有其自身独特的个性。

（一）政府财政投入有限，教育经费相对不足

对于任何一种职业来说，职业魅力不仅是能够为从业人带来乐趣和声望，最为基本的一点应是职业待遇、收入等状况。经济是基础，收入不高是教师这一职业欠缺吸引力的重要原因。政府对边疆民族地区教育事业的财政投入有限，直接影响了当地教育的发展，也影响了教师群体的壮大。

政府财政投入有限、精力有限，致使教育经费特别是教师工资相对不足。随着中越边疆交流的频繁，政府需面临并解决多方面的问题，如基本社会治理、人民生活状况、边疆稳定、扶贫等，在这种情况下，政府无法面面俱到。虽然近年来国家和广西壮族自治区对边疆教育投入了大量的资金，但绝大部分资金都用在了校园基础设施建设上，教师工资并未发生较大变化。有限的经费投入及精力投入使教师工资性收入在当地社会背景下总体偏低，较低的收入状况使教师认为自己社会地位较低，进一步影响其从教积极性。

（二）教师就业范围广泛，职业信念欠缺

如前所述，广西边疆民族地区音体美、双语等教师严重缺乏，由于缺乏专

业教师，一名教师任教多科的情况时有发生，一方面不能保证教学的质量，另一方面也会加重教师的工作压力。究其原因主要有四点，第一，音体美课程均属于艺术类课程，音体美教师在其学习期间投入较高，过高的投入致使他们更愿意在城市工作。第二，音体美、双语教师均属于在自己相关领域拥有一技之长的教师，其就业范围广泛并不局限于当学校教师。例如，音体美教师可以利用自己对艺术的敏感度，加入艺术团体，进入文化领域、政府部门、设计公司、广告公司等。双语教师亦是如此，中国东盟博览会之后，在东兴市，越语翻译成为当地高收入的职业，双语教师亦可利用自身优势选择工作。第三，音体美、双语教师均是富于想象、善于抒情的艺术人才。充沛的情感、强于常人的想象力、自由的态度使他们形成了不受约束的思想，也更加不愿意受体制的束缚，因此，相比成为一名整天坐班的教师，不少音体美及双语教师更愿意从事其他职业。第四，众所周知，在现行教育体制下，语数外等中考、高考要考的学科被给予了过多的重视，与之相比，音体美等所谓的"副科"失去了应有的重视程度，在这种情况下，"副科"教师也就认为自己所教学科并没有引起足够的重视，相应地削弱了其教学积极性，即教师不能从所从事的职业中获得相应的成就感。

另外，教师是受过专门教育和训练并在学校中担任教学工作的人，他们乐于奉献、为人师表、关爱学生，从事教师这一行业需要具有坚定的职业信念，为他人知识、经验的获取而不辞辛苦的信念。但是，教师除了需要内在的精神支撑，外在的物质保障也极其重要。不少教师因为工作的劳累、生活水平的不如意选择了放弃，而去从事其他职业，这一情况在广西边疆民族地区也时有发生，在东兴市 J 中学调研时，校领导如是说：

Q：近几年有没有老师辞职从事其他行业？

A：有，每年都有。从 2003 年至今，有因为家里面有产业辞职回家里帮忙的，有辞职去广东打工的，有辞职去跟别人合开法律方面的机构的，等等。

Q：社会上做生意的人比较赚钱，相比而言咱们教师的收入相对较低，这会不会影响我们教师的教学积极性？

A：肯定影响。老师表面上社会地位高，实际上社会地位低。做边贸生意的人员一个星期赚的钱比我们一个月的工资都高。

（三）民众教育意识淡薄，对教育重视程度不够

广西壮族自治区东兴市民族地区地处中越边疆，与其他民族地区相比不同之处在于，由于自然环境、交通不便等原因，其他民族地区长期以来相对闭塞，社会经济发展水平普遍落后于非民族地区，教育事业发展也相对落后。而东兴市地理位置优越，社会经济发展态势良好，但是其教育事业的发展却与当地的经济社会发展脱节，民众教育意识较淡薄，忽视教育因素对民生改善的积极作用，即未认识到人民生活水平的改善很大程度上取决于民众的受教育情况，这在一定程度上也影响了教师的从教积极性。

随着国家对边疆民族地区教育事业的不断扶持以及"两基"① 工作的全面开展，目前广西边疆民族地区已经实现了很高的入学率，然而由于家庭、父母观念等因素的影响，学生辍学的事情时有发生。第一，教师地位较低影响民众对教育的认知程度。在当地，教师收入属于中下水平，不少家长和学生认为，经过高等教育培养的人最终的工作、收入、生活质量没有达到他们的预期甚至还不如他们，影响了他们进入学校学习的信心。由此可见，教师收入不足反映出其社会地位不高，教师职业并未在学生心里成为就业的第一选择。第二，经济的增长并未完全依靠教育。通过教育来提高劳动者的知识水平，从而提高劳动生产率，进一步实现经济增长的目的，是当前经济社会发展的途径之一。但是在边疆民族地区，民众的经济增长并不完全依靠教育，使他们未认识到人力资本在经济社会发展中的重要作用。例如，以东兴市海洋捕鱼业和旅游业为例：首先，京族三岛地处北部湾，有着丰富的渔业资源，渔民捕鱼导致收入提升，就其本质来说，捕鱼主要依靠的是自身的身体状况、自然资源和天气状况等，学校教育并未给经济收入带来多大贡献；其次，万尾金滩已成为京族三岛独特的旅游资源之一，经过近年来的发展，万尾金滩旅游业已经自成一派。虽然金滩旅游开发已经逐渐成熟，但当地居民基本都是依靠地理资源、物种资源来赚钱，例如靠海吃海开海鲜饭店、开农家乐、沙滩上摆放太阳伞供游客休息等来增加收入，当地部分居民认为接受教育与否并无差异，学校教育对他们来说用处不大。

---

① "两基"是基本实施九年义务教育和基本扫除青壮年文盲的简称。

综上所述，教师地位较低影响民众对教育的认知程度，同时家庭经济的增长并未完全依靠教育，导致民众教育意识淡薄，民众对教育的认知不足影响教师的从教积极性，从而也在一定程度上影响了教师队伍的持续壮大。

五、提升广西边疆民族地区师资队伍建设的对策建议

国家先后颁布了《关于推进教师教育信息化建设的意见》《关于加强县级教师培训机构建设的指导意见》等文件，明确指出"要把师资队伍建设摆在民族教育发展的优先的位置"，可见，教师队伍建设是教育事业发展中的重要一环。考察显示，广西东兴边疆民族地区教师尽管工资性收入略高于其他民族地区教师，但在当地经济社会发展的背景下，教师普遍感到压力较大，生活质量受到影响，然而教师的生活质量又是其专业发展的重要物质基础，教师的生活水平决定着教师生活方式的选择，反映了教师的社会地位，更影响着教师的工作积极性。这种局面对教师队伍稳定发展及提高教育质量不利。根据考察实际情况，笔者从民生的角度出发，从教师的基本生活状况出发，提出如下对策建议以期进一步改善民族地区教师民生状况，建立优质稳定的教师队伍。

（一）制定合理分配制度，完善待遇保障机制

第一，加大投入，切实提高教师工资。实践表明，教师的社会地位与其经济地位是有密切关系的，"如果不解决教师工资和社会地位下降的问题，教育改革就只能是空谈"[①]，因此，在影响教师社会地位高低的因素中，教师收入水平占了极大的比重。诚然，广西东兴边疆民族地区的教师工资相对值高于其他民族地区，但工资的高低除了数值上的绝对高低，还具有相对性，在当地经济发展的背景下，教师工资收入、社会地位并不理想。如前所述，东兴边疆民族地区教师普遍认为当前工资分配制度不合理，他们认为绩效工资应是应得工资之外国家或政府奖励的，基于此，国家政府部门应当制定合理的工资分配制度，在保证基本工资的情况下，由政府出资根据绩效实施奖励，使教师平均工

---

① 国家教育发展与政策研究中心．发达国家教育改革的动向和趋势．第三集［M］．北京：人民教育出版社，1990：17.

资不低于公务员平均工资。

第二，建立完善的民族地区边疆教师社会保障体系。通过考察了解到，车补、周转房等已成为当地教师的愿景。改善教师生活水平、稳定教师队伍，除了保证工资性收入外，还要建立完善的民族地区边疆教师社会保障体系，努力改善边疆教师在交通、住房、医疗等方面的福利性待遇。

（二）严格执行《乡村教师支持计划》，调整教师结构

通过考察了解到，没有编制成为教师流失的重要原因之一，针对此问题要科学制定边疆民族地区编制标准。2015 年，国务院办公厅颁布了《乡村教师支持计划》（以下简称《计划》）以缩小城乡师资水平差距，鉴于此，边疆民族地区特别是贫困地区要严格依照《计划》实施，主要可从以下两个方面着手：第一，提高民族地区尤其是贫困地区教师编制数量，为贫困学校安排灵活的附加编制；第二，对缺乏专业教师的学校增加编制，例如音体美、双语教师。

同时，确保教师队伍结构均衡。《计划》强调职称（职务）评聘要向乡村学校倾斜，此外还可通过定向培养、特岗教师等方法来确保一定数量的教师到边疆民族地区任教。针对音体美教师、年轻教师不稳定等问题，给予这些教师在工资、补贴等方面的政策优惠，吸引其长期从教，保证教师队伍结构均衡。

（三）教师要坚定职业信念，增强专业发展意识

考察中我们发现，由于教师职业社会认可度不高导致教师自身职业认同感较低，生活的快乐与否除了与他人看法、外部环境相关外，还取决于教师自身的观念。首先，教师要加强自身修养，坚定职业信念，发现职业之美，将教书育人当作乐趣，从职业中找到成就感与幸福感，找到职业的意义所在，只有领略到职业的意义才能发现自身的价值。其次，在职业生涯中，教师应加强专业发展意识，把握每一次培训机会，而不是敷衍了事，无论多么完美的培训计划如果教师不主动接纳、主动学习，那也是一纸空谈。教师只有不断提升自己的专业水平，才能向更高职称晋级，进而增加收入，改善生活。拥有坚定信念也是教师需具备的重要素质之一。

（四）民众要转变观念，重视教育因素对经济增长、民生改善的重要作用

东兴边疆民族地区的人民由于某些机遇，在经济发展初期并未利用学校教导的知识就获得了不菲的经济利润，致使教育培养的人力资本并未在当地的经济社会发展、人民收入提高中发挥极大作用，造成了部分当地民众教育意识淡薄、不重视教育等局面。随着更加开放的国际贸易形式，今后，各国之间有可能会实现区域一体化发展，当地目前的边贸经济发展模式将面临如何可持续发展的问题。实际上，教育水平很大程度上决定着一个民族、一个地区各种社会制度的发展水平，因为人力资本含量的提高不仅可以提高民族地区农业劳动的生产力，增加其经济收入，而且可以提高贫困者的非农收入，最终帮助其脱离贫困。提升人力资本含量的方式众多，例如通过教育、在职培训、工作中的经验等，而在提升人力资本含量的众多途径中，教育是其核心。因此，要将着眼点放在长远发展上，大力发展民族教育，转变民众观念，使其认识到教育因素对经济增长、民生改善的持续性作用，认识到教师职业的重要地位，这对于提升教师成就感、稳定教师队伍亦有积极作用。

六、结语

教师队伍建设并非一己之力能完成的，也并非一朝一夕能改善的。教育是提高国民素质的根本途径，也是改善人民生活的本源力量，稳定且高质量的教师队伍是教育优质与否的关键因素。工作能力的强弱是评价师资队伍优秀与否的标准之一，然而教师的生活质量是其专业发展的重要物质基础，教师的生活水平决定着教师生活方式的选择，也反映了教师的社会地位，更影响着教师的工作积极性及教育事业的发展。因此，解决教师队伍建设问题不能只从数量、质量等表层角度出发，也应该关注教师基本生活状况，从民生的角度出发，完善其专业发展的物质基础，进而稳定教师队伍、提升师资力量。

参 考 文 献

[1] 钟海青，高枫. 守望边疆教育：广西边疆民族地区教育质量保障与

特色发展研究［M］.北京：人民教育出版社，2011.

［2］广西壮族自治区地方志编纂委员会.广西年鉴 2015［J］.广西：广西年鉴社，2015：361.

［3］辞海［M］.上海：上海辞书出版社，1979.

［4］李新翠.中小学教师工作量的超负荷与有效调适［J］.中国教育学刊，2016（2）：56－60.

［5］国家教育发展与政策研究中心.发达国家教育改革的动向和趋势.第三集［M］.北京：人民教育出版社，1990.

贫困家庭教育投资能力的分析逻辑

——基于可行能力理论视角[*]

罗　谦^{**}

摘　要： 在国家义务教育保障体系下，民族贫困地区依旧普遍存在辍学、失学现象。基于对滇西特困地区实地调研发现，就家庭因素而言，贫困家庭无力为子女教育投资，是辍学、失学现象的主要原因。由此，率先在理论层建构贫困家庭教育投资能力的逻辑框架，将有利于透视贫困地区辍失学现象，助力实践层问题的解决。本文基于可行能力理论的视角，围绕资本和权利以及两者的互动关系建构起关于贫困家庭教育投资能力的逻辑框架，并提出"动态循环"是该领域分析的核心思想。

关键词： 教育投资能力；可行能力；家庭；教育扶贫

教育投资是使隐藏在人体内部的能力得以增长的一种生产性投资。大力推进教育投资是促进人力资本形成的关键和根本途径。家庭作为经济社会发展的基本单位，对教育投资成本的分担既具有理论依据，也有极强的现实意义。对贫困家庭而言，投资教育可以使家庭成员掌握一定的知识和技能，提高文化素质和未来的经济收入，有利于改善自身的持续性贫困，进而从源头上阻断贫困的代际传递。2015 年 11 月，习近平总书记立下愚公移山志，要坚决打赢脱贫

---

　* 本文受中央高校基本科研项目"可持续生计视角下贫困家庭教育投资困境研究"（SWU1809438）资助。

　** 罗谦，西南大学教育学部硕士研究生，研究方向：教育经济与管理。

攻坚战，确保到 2020 年所有贫困地区和贫困人口一道迈入全面小康社会。这也标志着我国进入脱贫攻坚新时期。基于教育对人和社会发展的显著正效应，"教育投资"自然成为这一场脱贫攻坚战的"战略必争之地"。

一、问题提出

（一）问题生成

调研发现，目前贫困家庭对于教育的需求基本属于投资性需求，"跳出农门""轻松赚钱"是贫困家庭对教育的主要预期收益。然而，对于子女教育，贫困农户虽多是持支持的态度，在实际行动中，却未为教育投入必要的资源。特别是在基础教育阶段，贫困家庭子女接受教育，经济上虽无较大负担，但除了零花钱，父母基本不会再为子女投入其他资源。"小孩学习，我也帮不上忙，就看他自己了"成为贫困家庭基础教育的投资态度。情感教育、亲子沟通、健康生活指导等基础教育阶段必要投资行为的缺位，也导致贫困家庭子女失学及延迟入学现象突出。在当前大力倡导教育精准扶贫脱贫的话语中，贫困家庭却不能为教育投资，这无疑极大地制约了教育扶贫政策的效力，同时也弱化了教育财政支出的功用。对于贫困家庭而言，明知"知识能够改变命运，教育能够改变未来"，却难以获得实质教育自由，从而陷入投资困境。这不得不说是对人的发展权利的剥夺，也有失社会主义国家"主权民享"的本质。因此，对于贫困家庭教育投资能力的探讨，不仅是认识贫困家庭教育投资的重要内容，也源于实践问题解决的需要。

（二）文献回顾

殷红霞（2011）认为，家庭教育投资需求是家庭教育投资行为生成的内在动力，家庭教育投资能力是家庭教育投资行为产生的内在约束力，教育投资风险是家庭教育投资行为的外在干扰因素。能力将需求转化为现实行为，成为家庭教育投资行为生成的关键一环。张光宏等（2011）通过分析消费者基本生活需求支出模型，认为我国城乡家庭教育投资水平比国际平均水平高 20%左右，教育投资易导致家庭生活质量下降，投资能力仍显不足。基于此，学者们进一步对此进行了问题聚焦和问题归因。谈玉婷（2009）将现阶段农村家庭投资能力的问题明确为：对女孩教育投资不足；家庭教育投资目标单一、盲目；智力投资过滥，德育投资不足；对子女投资过剩，对自身投资不足；忽视对民族传统文化的继承。在归因分析中，张学军（2008）认为农村家庭教育投资属于有限理性行为，受制于信息阻滞、经济落后的社会发展环境。更多的学者则将教育投资能力与家庭收入等同。为应对此问题，发达国家相关部门出台了"现金转移项目"（cash transfer programs），但效果不佳。

已有研究依据收入水平，评估贫困家庭教育投资能力；围绕收入低下，对贫困家庭教育投资能力不足进行归因分析；指向家庭增收，设计策略提升贫困家庭教育投资能力。然而，当前贫困家庭投资能力不足的矛盾已经不仅仅指向家庭经济贫困，它还指向地区的整体性贫困。整体性经济贫困使当地教育投入受限，并最终形成贫困地区与非贫困地区教育之间的差序格局（柴楠、吕寿伟，2017）。处于格局边缘的贫困家庭，自然难以享有中心人群那般健全的教育发展权利。受制于收入低下以及权利残缺，贫困家庭的教育投资能力不足，实质上已演变为可行能力的贫困。可行能力贫困是对收入贫困的超越，依据可行能力识别贫困家庭教育投资能力，有利于对贫困家庭教育投资问题作出更全面的审视。

二、可行能力理论

为了突破传统经济学的发展理念，阿玛蒂亚·森（Amartya Sen）借助权利分析方法，于 20 世纪八九十年代提出了可行能力理论。森（2017）认为，一个人的可行能力指的是此人有可能实现的、各种可能的功能性活动的组合。可行能力实则就是一种自由，是实现各种可能的功能性活动组合的实质自由。这种自由包含了功能和能力两方面的内容。功能（functions），即功能性活动，是指人们实际的生活状态或不同层面的生活水平，既有温饱、安全等内容，又包含积极的心态、良好的社会交往等更高层次的成就。能力（capabilities）是功能的派生概念，反映了个人拥有实现各种功能组合的潜力以及在不同生活方式中做出选择的自由。功能在一定程度上反映了人们潜在的能力强弱；能力是实现功能的条件，并从根本上体现人们自由度的大小和选择机会的多少。一个人所拥有的选择机会和选择自由以及未来的可持续发展权，是衡量人们生活质量高低的重要表现，也是表明个人福利状况的重要因素。在阿玛蒂亚·森的可行能力分析框架中，有四个基本要素。人所具备的各种功能性活动和商品被作为最基础条件，中间则是人的各种能力集合，而实质自由则被作为发展的终极旨趣。由此可见，可行能力理论以现实处境为中轴点，依据可行能力的辐射半径，划定一个主体活动的范围。在这个范围内，所有功能性活动都是主体的能力所及，拥有绝对的支配权，而这个范围的大小就是一个人实质自由（发展）的反映。

基于可行能力的发展观，对于贫困的认识必然发生变革。贫困不再仅仅局限于收入低下，而是一个无法获得最低限度需要的功能和能力的问题，功能的缺失反映了人们外显的生活状态的窘迫，能力匮乏体现着人们谋求自身福祉可持续发展的内生动力不足。在可行能力理论的指导下，功能和能力成为识别贫困的通行标准，反贫困的目标也由弥补收入缺失转变为提升贫困人口的可行能力，扩大主体活动的范围。与传统的以收入为识别标准的贫困观相比，基于可行能力理论的贫困观具备以下优点：一是扩充了贫困分析的信息基础，从而极大地丰富了我们对不平等和贫困的理解；二是在扶贫帮扶中将关注的焦点由收入转向可行能力，重新树立收入的工具性价值，确定了可行能力的核心地位，从而使得扶贫工作可以更好地关注个体异质性，更加多维、客观，也更加富有成效。

三、可行能力与贫困家庭教育投资的内在关联

森的可行能力在发展与生活状况之间架起了一座桥梁，依托可行能力，人们可以将社会基本资源转化为客观有价值的功能性活动。基于此，参与教育投资作为具有客观价值的功能性活动，相应的可行能力就是个体将所掌握的资源，如空闲时间、经济资源和情感资源等，转化为实际教育投资的能力（见图1）。可行能力理论以可行能力为分析载体，既强调贫困群体内部的异质性，又给予传统分析路径中所忽视的资本以平等的视角。摆脱了以往经济学分析易导致的拜物主义（fetishism）和享乐主义（hedonism），避免了教育投资"唯经济资源论"以及仅仅将教育投入量化为货币成本，而是将教育投资的形式自

由扩展为以功能（外显的教育投资参与）和能力（潜在的教育投资能力）为核心的实质自由。与其他理论框架相比，可行能力方法更强调探索贫困人口教育投资的个体性和社会性实质，同时也强调分析维度的客观性和可操作性。具体而言，可行能力理论与贫困人口教育投资的耦合性主要体现在以下几个方面。

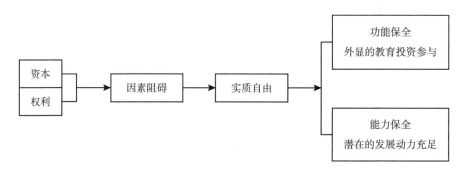

图 1　教育投资可行能力的转化过程

（一）可行能力与贫困人口教育投资成本

森在《贫困与饥荒——论权利与剥夺》（2001）中曾提到：要理解饥饿，我们首先要理解权利关系，并把饥饿问题放在权利体系中加以分析，这一方法既可以一般地应用于贫困分析，也可以更具体地应用于饥荒分析。权利分析方法是可行能力理论探究的核心方法，探讨贫困人口教育投资，需首先明确权利关系。森认为，权利包括禀赋权利和机会权利。禀赋权利即个人拥有的初始所有权，机会权利是社会应该提供的可选择的基础权利。可行能力的获得首先以禀赋权利为基础，以机会权利为保障，而得以可持续发展。因此，贫困人口教育投资成本首先就是禀赋权利和机会权利。但是，权利只是一种"所有权关系"，要具备教育投资能力，还需要拥有必备的资本。这些资本是可行能力得以转化的基础性条件，不仅涉及物质层面，还触及精神和文化层面，具体表现为空闲时间、经济资源和情感资源等。

（二）可行能力与贫困人口教育投资的影响因素

森（2017）认为，个人的可行能力严重依赖于经济的、社会的、政治的安排。国家和社会在加强和保障人们的可行能力方面具有重要的作用。但是，这只是一种支持性作用，而不是提供制成品的作用。在个人利用现有商品和权利向可行能力转化的过程中，至少还有五个方面的因素会产生影响：个人的异质性、环境的多样性、社会氛围的差异、人际关系的差别以及家庭内部的分配。由此可见，贫困人口教育投资的影响因素既有宏观层面，如国家、社会及政治政策背景；也有中观层面，如社区环境；更有微观层面，如家庭及个人差异。相比传统的影响因素分析，可行能力视角下的因素归纳更加全面、多维，也更利于把握能力贫困的实质。

（三）可行能力与贫困人口教育投资的成效评估

在可行能力理论框架中，实质自由是发展的目标。而这种自由包含两个方面的内容：功能和能力。因此，功能和能力也成为贫困人口教育投资可行能力评估的核心标准。贫困人口基于必备的商品和权利，克服诸多影响因素，最终完成教育投资可行能力的转化。而对这种转化的成效评估，可以分为两个方面：功能保全，即外显的教育投资参与；能力充分，即潜在的发展动力充足。与传统的单纯通过收入计算脱贫率的评估模式不同，可行能力转化成效评估不仅可以确定当前教育投资参与水平，还能预测参与的可持续能力，为预防投资中断提供参考依据。

四、教育投资可行能力获得的基础性条件

（一）基础性资本

基础性资本包括人力资本、自然资本、物质资本、金融资本以及社会资本。人力资本代表着知识、技能、能力和健康状况，它能够使人们追求不同的生计手段并取得享有的生计目标。在家庭层面上，这种人力资本水平取决于家庭劳动力人数、家庭规模、技能水平以及健康状况等因素。人力资本的内在价值在于更好地利用其他四种生计资本，从而取得积极的生计输出，它是最为基础的生计资本。人力资本的测量有三个指标：第一个指标是家庭整体劳动能力，即处于不同年龄层次和健康状况的家庭成员所拥有的劳动能力总和；第二个指标是家庭中是否有至少一个男性成年劳动力；第三个指标是家庭成年劳动

力的受教育程度。自然资本是描述自然资源存量的术语，泛指生计的资源流及相关服务。耕地资源是农户最重要的自然资本。物质资本主要包括用以维持生计的基本生产资料和基础设施，其意义在于提高贫困人口的生产力。生产资料则是指为了提高生产效率所使用的设施，基础设施指为了更有效满足人们需求的一种物质环境的改变，意味着自然资源的改造，即自然和其他类型的资本转化为物质资本，用以维持生计和提高生产力。因此，物质资本被设定为两个指标：第一个指标是家庭住房情况；第二个指标是家庭固定资本情况，包括生产性工具和耐用性消费品。金融资本主要是指农户可支配和可筹措的现金，包括三个来源：自身的现金收入、从正规渠道或非正规渠道获得的贷款、无偿援助。由此，衡量金融资本的三个指标可分为：农户家庭现金收入、获得信贷的机会、获得无偿现金援助的机会。社会资本意味着人们在追求生计目标的过程中所利用的社会资源，包括社会关系网和社会组织。其作用是增强人们相互信任和相互合作的能力，并使其他机构对他们的需求给予更及时的反映（苏芳，2015）。

教育投资受家庭可持续生计发展需要的影响，因此，教育投资资本实际源于上述资本的有机组合。对教育功能性活动所投入的资本，绝不仅仅是以收入为外显的物质资本。教育投资是一个长期的过程，其整个过程本身就是一个动态变化的过程。在动态的教育投资过程中，对基础性资本的考量应当是基于贫困农户可持续生计的生存逻辑，综合审视多种资本的组合结构。教育投资并非是贫困农户生计投资的唯一方式，对教育的资本投入，自然应当纳入贫困农户的整体生计运营之中。为教育投入多少资本，往往是贫困农户为实现可持续生计的决策结果。

（二）基础性权利

权利是一个意蕴丰富的词汇。中西方学者基于不同的出发点和视角，建构起多样的权利理论。但是，对于权利的解释尚未形成一个确定的、没有任何异议的概念定论。森围绕饥饿问题，以所有权关系为起点，对权利关系（entitlement relation）作出了描述性定义：按照一定的法律规则，建立一个所有权集合与另一个所有权集合的联系。这种以联系为实质的权利关系有以下几种基本类型：以贸易为基础的权利（trade-based entitlement）、以生产为基础的权利

（production-based entitlement）、自己劳动的权利（own-labour entitlement）、继承和转移的权利（inheritance and transfer entitlement）。这些类型都是或多或少具有直接性的权利关系，实际生活中的权利关系更多表现为"劳动""生产""贸易""转移"多种权利层层嵌套的复杂形式。其中最为常见的复合权利，森称之为"交换权利"（exchange entitlement）。"在市场经济中，一个人可以将自己拥有的商品转换成另一组商品。这种转换可以通过贸易、生产或两者的结合来实现。在转换中，他能够获得各种商品组合所构成的集合，这便可以说这个人拥有东西的交换权利。"① 交换权利的内在维度，显像化为"交换权利映射"（exchange entitlement mapping），即它为每一个所有权组合指定了一个交换权利集合。由此，它界定出对应于每一种所有权关系，一个人拥有的机会。交换权利也是家庭教育投资能力的权利分析的核心。教育服务作为一种服务型商品，它不由个体生产形成，而是通过个体将自己拥有的商品进行转换得来。如果一个人的交换权利集合中没有包含投资教育的可行商品组合，那么，这个人就将面临失学的风险。

（三）资本与权利的互动关系

基础性资本主要指向贫困家庭可持续生计中的资本维度，属经济范畴。基础性权利主要指向贫困家庭内部的文化惯习以及贫困家庭所处的政治环境，属文化和政治范畴。资本和权利与可行能力的直接关系可表征如下：第一，可行能力与收入呈正相关，可行能力缺失或水平不高会导致收入水平较低，低经济收入会导致可行能力无法发展；第二，可行能力的缺失也是权利的被剥夺。

然而在实际中，基础性资本、基础性权利与可行能力往往不是一种简单的线性勾连，更多地表现为基础性资本与基础性权利率先互动，而后与可行能力形成一种更为复杂的联系。基础性资本分析与居住地条件、家庭文化惯习以及政治环境因素紧密关联。贫困家庭在居住地中的自然环境、社会条件、生产习惯直接触及其自然资本与社会资本存量；家庭文化惯习不仅内含人力资本，还涉及整个生计资本运作与生计策略选择；政治环境则关联贫困家庭物质资本与

---

① ［印］阿玛蒂亚·森著；王宇，王文玉译. 贫困与饥荒——论权利与剥夺［M］. 北京：商务印书馆，2001：5 - 7 + 8 + 9 - 12 + 60 - 69.

金融资本存量。而基础性权利恰恰内含对居住地条件、家庭文化惯习以及政治环境的讨论。由此，基础性资本与基础性权利将先于功能性活动展开内部互动，而这种动态的过程也使可行能力的转化基础赋有变化。具体表现为以下两个方面。

1. 基础性资本欠缺阻碍享有投资权利

贫困家庭的可持续生计，其核心内容就是由人力资本、社会资本、金融资本、物质资本及物质资本共同形成的生计资本基础。贫困农户可以通过使用某种资本或多种资本组合优化其生计策略，实现积极的、可持续的生计产出，从而改变其贫困状况。但是，如果某种资本存量过低，或者资本组合构成过少，将直接影响贫困家庭生计能力。例如，贫困家庭的生计结构往往表现为自然资本较丰富，但物质资本和人力资本不足；具备一定的社会资本，但难将其转化为经济收益。因而贫困家庭往往将生计维持的希望寄托于自然资本投入。囿于自然环境变化多不可控，风险制约明显，故贫困家庭收入起伏较大，往年难得的收入结余往往被迫用于填补今年的亏损。收入的制约，自然形成了信贷约束，金融资本在贫困家庭生计资本选择中多被边缘化。长此以往，贫困家庭往往陷入资本约束的困境之中。长期处于困境的贫困家庭，又通过贫困同伴间的集体互动，从而使得与其他人在社会生活中相对隔离，产生一种脱离社会主流文化的贫困亚文化。受此文化影响，贫困家庭易形成与主流文化互斥的文化惯习，诸如抗拒学习、"等靠要"思想等。不仅更加受制于居住地条件，而且也将难以享有政治保障，继而日益远离现代社会，深陷贫困。

2. 基础性权利丧失制约资本效用最大化

贫困地区的传统教育目的多是将个人融入群体的物质生活和精神生活，延续个人及种族的生存。贫困家庭多住所偏僻，生产发展以粗放式农业为主，文字能力匮乏，文化结构较为封闭，与之相适应的是随境式教育，即在劳动实践中教育，教育内容以生活和生产为主体。因此，部分贫困人口就认为，投资教育并不能解决家庭谋生问题，是没有回报的投资。鉴于贫困社区作为一个典型的、稳定的传统社会，其社区生活相对静态，这样的认识易因外来信息阻滞以及居住地巨大的生存压力而被放大，形成贫困地区的舆论引领。继而，贫困家庭面对国家提供的教育保障，因地区文化舆论形成固有惯习，也会选择放弃教育，重新调整生计资本组合，制约资本运用在教育领域的效应。

五、总结与讨论

贫困家庭参与教育投资，不仅是人类发展的过程性自由因素，也是发展获取实质自由的评价指标。可行能力理论与贫困家庭教育投资具备天然的耦合性。贫困家庭教育投资的能力自然也可以被扩展为贫困家庭教育投资的可行能力。贫困家庭教育投资的可行能力，其实质就是贫困家庭对教育功能性活动的选择能力，而这种能力又取决于基础性资本和基础性权利的存量。基础性资本主要指向贫困家庭动态的生计资本组合结构；基础性权利主要指向贫困家庭所处的社会结构和文化传统。在现实中，基础性资本和基础性权利往往率先互动，形成更为复杂的交织，致使可行能力的转化也有了复杂趋向。因此，对贫困家庭教育投资可行能力分析，根本在于以一种动态循环的思维方式（见图2），把握住可行能力转化中具有的动态性、个体性、文化性及地方性：教育活动的长期性以及家庭生计的可持续追求，又决定了上一阶段的教育投资实质自由又将成为下一阶段教育投资可行能力获得的基础性条件，展开另一个教育投资可行能力的转化过程。

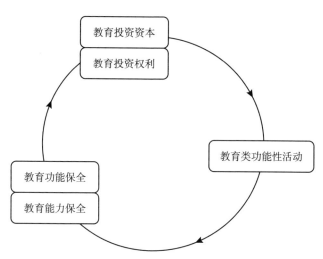

图2 教育投资可行能力的动态发展

参考文献

［1］习近平：脱贫攻坚战冲锋号已经吹响全党全国咬定目标苦干实干［EB/OL］. 新华社，http：//www. xinhuanet. com/politics/2015 – 11/28/c＿1117292150. htm.

［2］殷红霞. 我国农村家庭教育投资行为研究［M］. 北京：中国社会科学出版社，2010.

［3］张光宏，李杰. 我国城乡家庭教育投资能力比较分析［J］. 农业技术经济，2011（11）：91 – 101.

［4］谈玉婷. 民族地区农村家庭教育投资能力研究——以湘西州为例［D］. 武汉：中南民族大学，2009.

［5］张学军. 农村家庭高等教育投资决策研究［D］. 陕西：西北农林科技大学，2008.

［6］柴楠，吕寿伟.“非贫困性辍学”的贫困根源［J］. 当代教育科学，2017（7）：13 – 17.

［7］［印］阿玛蒂亚·森著，任赜，于真译. 以自由看待发展［M］. 北京：中国人民大学出版社，2017.

［8］［印］阿玛蒂亚·森著，王宇，王文玉译. 贫困与饥荒——论权利与剥夺［M］. 北京：商务印书馆，2001.

［9］苏芳. 可持续生计：理论、方法与应用［M］. 北京：中国社会科学出版社，2015.

我国民族教育研究的热点与重点问题

——基于"十二五"期间民族教育研究成果的分析

海 路 刘 灿*

摘 要: "十二五"期间,民族教育研究结合党和政府的重大政策方针,以我国民族教育改革和发展的重要政策与实践问题为着力点,研究的核心问题和重要领域主要包括民族团结教育的理论与实践研究、少数民族双语教育的政策体系与实践模式研究、内地民族班办学科学发展研究、优秀民族文化传承与发展研究、少数民族教育均衡发展研究、民族地区基础教育课程改革研究、少数民族大学生就业创业问题研究、多元文化教育比较研究八个方面。"十二五"期间的民族教育研究取得了重要成就,但还存在研究理论水平层次不高、研究视角比较狭窄、研究内容不够系统全面等问题,建议加强民族教育的理论研究、丰富民族教育的研究内容、拓宽民族教育的研究视角。

关键词: "十二五";民族教育研究;民族教育政策;民族教育课题

一、民族教育研究课题立项进展状况

在全国教育科学规划学科分类及课题申报中,"民族教育学"是一个独立的学科组。根据"十二五"期间全国教育科学规划领导小组办公室发布的课

---

* 海路,中央民族大学教育学院副教授、硕士生导师,《民族教育研究》编辑部主任。刘灿,中央民族大学教育学院硕士研究生,研究方向:民族教育、教育政策。

题立项信息，分析 2011~2015 年民族教育学学科的立项数据及主要内容。

（一）民族教育类课题立项的基本概况

全国教育科学"十二五"规划民族教育研究批准立项课题总数为 83 项，占全国教育科学规划课题总数的 3.87%（83/2147）。其中国家重点课题 1 项、国家一般课题 21 项、国家青年课题 22 项、教育部重点课题 22 项、教育部青年课题 17 项。国家重点课题占比最少，教育部重点课题和国家青年课题占比最大，国家一般课题和教育部青年课题占比相当，其中 2011 年是民族教育课题立项比例最高的一年，具体情况见表 1。

表1　2011~2015 年全国教育科学规划课题民族教育类立项课题及占比情况　单位：%

课题层次	占比				
	2011 年	2012 年	2013 年	2014 年	2015 年
国家重点	0	0	0	0	1.20
国家一般	6.02	4.81	6.02	3.61	4.81
国家青年	4.81	4.81	4.81	6.02	6.02
教育部重点	8.43	2.40	4.81	4.81	6.02
教育部青年	6.02	4.81	3.61	3.61	2.40
合计	25.28	16.83	19.25	18.05	20.45

（二）民族教育课题立项选题内容频度分析

从课题立项的主题内容方面来看，"十二五"期间全国教育科学规划民族教育类立项课题内容丰富、选题范围广泛，但各个研究主题在数量上存在较大差异。立项数量较多的主题为少数民族教育均衡发展研究 17 项、优秀民族文化传承与发展研究 15 项、民族地区基础教育课程改革研究 10 项；而立项频率较低的主题为内地民族班办学科学发展研究（见表 2）。这表明"十二五"期间，研究者更加关注少数民族教育在数量和质量上的均衡发展、优秀民族文化的传承与创新、少数民族地区的基础教育课程改革等；同时，内地民族班的改革与发展已开始被提上日程。这与《国家中长期教育改革和发展规划纲要

（2010—2020 年）》和《国务院关于加快发展民族教育的决定》对我国民族教育工作的侧重点契合。

表2　　2011～2015年全国教育科学规划课题民族教育类立项课题的主题数量分布

研究主题	课题主题数量及占比					总计
	2011 年	2012 年	2013 年	2014 年	2015 年	
民族团结教育的理论和实践研究	4 (4.81)	2 (2.40)	0 (0)	1 (1.20)	1 (1.20)	8 (9.63)
少数民族双语教育的政策体系和实践模式研究	2 (2.41)	2 (2.41)	0 (0)	1 (1.21)	2 (2.41)	7 (8.43)
内地民族班办学科学发展研究	0 (0)	0 (0)	0 (0)	1 (1.21)	2 (2.43)	3 (3.64)
优秀民族文化传承与发展研究	6 (9.52)	3 (3.61)	3 (3.61)	1 (1.20)	2 (2.43)	15 (18.07)
少数民族教育均衡发展研究	1 (1.20)	2 (2.41)	4 (4.81)	6 (9.52)	4 (4.81)	17 (20.48)
新疆和五省藏区重点教育问题研究	1 (1.20)	2 (2.41)	3 (3.61)	1 (1.20)	1 (1.20)	8 (9.63)
民族地区基础教育课程改革研究	1 (1.20)	0 (0)	4 (4.81)	3 (3.61)	2 (2.43)	10 (12.04)
少数民族大学生创业就业问题研究	2 (2.41)	3 (3.61)	1 (1.20)	0 (0)	2 (2.43)	8 (9.63)
多元文化教育比较研究	4 (4.81)	0 (0)	1 (1.20)	1 (1.20)	1 (1.20)	7 (8.43)
总计	21 (25.30)	14 (16.86)	16 (19.27)	15 (18.07)	17 (20.48)	83 (100)

注：表格中的数字为课题主题数量，单位为"项"，括号中的数字为其占比。

二、民族教育研究的主要进展

本部分主要以"十二五"期间国家的重要民族教育政策为背景，以 2011～2015 年中国知网（CNKI）相关研究主题的高频引用论文及部分民族教育类中文图书著作为样本进行分析，总结"十二五"期间民族教育研究的主要进展情况。

（一）民族团结教育的理论与实践研究

《国家中长期教育改革和发展规划纲要（2010—2020 年）》明确指出"在各级各类学校广泛开展民族团结教育""不断夯实各民族大团结的基础，增强中华民族自豪感和凝聚力"。当前各级各类学校正在广泛开展民族团结教育工作，亟须理论的深入指导和实践模式的创新。

1. 夯实民族团结教育的理论基础

"十二五"期间，研究者注重夯实民族团结教育的理论基础，有关研究成果丰富和充实了民族团结教育的理论视角，从而有利于更好地认识和指导民族团结教育实践。这些理论主要有个人文化身份认同理论、接触—交往理论、理解理论等。

个人文化身份认同是民族认同与国家认同形成的前提和基础。根据文化身份认同类型学理论设计不同内容的课程，有利于培育民族学生积极、反思性的文化身份认同，也有利于推动他们从民族认同到国家认同乃至全球认同等社会化过程的顺利发展，从而实现民族团结、国家凝聚等（邵晓霞、傅敏，2011）。

接触与交往理论认为，增进不同民族成员之间的相互了解与包容必须以一定程度的民族接触与交往为基础。潜在的民族交往与接触有助于提升民族团结教育的实效性，因而有必要通过相应的措施改善，进一步发掘民族交往促进民族团结的功能（严庆、刘雪杉，2011）。以理解理论为支撑的多民族团结教育，旨在消除边疆民族学校中学生间的民族误解，增进团结。以理解理论为支撑的多民族理解行动，通过理解的道德性、感情性、实践性和创新性的交互作用以消除中学生间的民族误解，增进理解，进而促进民族团结与社会和谐（张勇，2015）。

2. 深化民族团结教育实践研究

"十二五"期间，民族团结教育的实践研究逐步深入、系统，主要包括宏观上的民族团结教育机制建构、中观上的民族团结认同路径建立和微观上的民族团结教育方法探索。从实践层面看，高校民族团结教育的策略、路径和方法是这一阶段民族团结教育研究的重点。

从宏观上看，实施民族团结教育要做到建立协调机制、梳理内容体系、优化工作方略。建立协调机制，就是要建立地区协作机制、完善部门联动机制；

梳理内容体系，就是要精研理论体系、挖掘历史资源、探究现实业绩；优化工作方略，就是要注重社会化、突出生活化、彰显立体化（徐柏才，2013）。从中观上看，可以坚持马克思主义基本原理，增强中华民族共同体的历史认同；弘扬各民族优秀传统文化，增进中华民族共同体的文化认同；坚定社会主义核心价值观，增强中华民族共同体的政治认同这三条路径引导各民族师生积极培育中华民族共同体意识（张立辉、许华峰，2015）。从微观上看，高校开展和加强民族团结教育的途径与方法主要包括四个方面：第一，以课堂教育为主体形式，以政治理论课教学等课堂教育方式系统有效推进民族团结教育教学工作；第二，通过学校活动教育来促进民族团结观念的鲜活化；第三，通过社会实践活动让学生在参与中体验民族团结良好氛围；第四，利用媒体和宣传骨干培训拓宽民族团结教育的广度（奔厦·泽米、吴宇，2011）。此外，还可以基于情感教育的方法在民族院校中实施民族团结教育，主要有：（1）将情感教育理念纳入民族团结教育中；（2）提高民族团结教育实施者和接受者的情感素质；（3）注重情感体验，在实践中践行民族团结；（4）营造和谐友爱的氛围，培育情感团结环境；（5）不断创新情感教育的工作载体和形式（邓群、王叶红，2012）。

（二）少数民族双语教育的政策目标和实践模式研究

《国家中长期教育改革和发展规划纲要（2010—2020 年）》提出"大力推进双语教学"，国务院《关于加快发展民族教育的决定》提出"科学稳妥推行双语教育"。双语教育是我国民族教育的重要内容，也是提高民族教育教学质量的重要途径。"十二五"期间，学者们主要探讨了如何进一步完善双语教育的政策目标与实践模式，在此基础上不断提高少数民族双语教育的质量和效益。

1. 进一步完善少数民族双语教育的政策目标

我国少数民族双语教育的政策总目标是实现"民汉兼通"，在少数民族地区建立健全相应的民汉双语教学体系。"十二五"期间，有关研究进一步完善了双语教育培养人才和服务社会的政策目标。

有学者指出，掌握国家通用语言对少数民族深入参与到国家经济与社会发展的事业中，促进本民族在各领域得到充分发展至关重要，应从少数民族实现现代化的角度来看待今天各少数民族自治地区推行的双语教育工作（马戎，

2012）。从国家整合、社会变迁、民族交流的角度看，少数民族双语教育的目标正逐步由培养少数民族学生掌握本民族语言和国家通用语言为目的的"民汉兼通"向培养通晓两种语言、适应两种文化的"双语双文化人"转变（赵建梅，2011）。这无疑更有利于实现双语教育促进国家统一、民族团结、社会发展的功能。因此，从语言规划的角度看，进一步完善少数民族双语教育的政策目标，有利于人们更好地认识到双语教育的地位和重要性，应树立"多元文化整合教育"观念，将国家通用语言和少数民族语言作为重要的资源加以开发利用（滕星、海路，2013）。

2. 探索不同地区少数民族双语教育的实践模式

探索和总结不同民族、不同地区学校课堂中具体语言的双语教学经验和规律，是提高双语教育质量的前提（万明钢、刘海健，2012）。"十二五"期间，少数民族双语教育研究的重点是研究不同民族、不同地区、不同学段的双语教育实践模式，从中发现问题、寻找规律、提出改善双语教育的对策建议，有利于加强双语教育研究的针对性和实效性，切实提高双语教育质量。

新疆、西藏、青海、广西等地成为"十二五"期间少数民族双语教育研究的热点区域。新疆双语教育研究成果的数量名列前茅，学者们对维汉双语教学现状及有效策略、新疆少数民族双语教育模式、新疆少数民族双语教材、新疆少数民族双语教师培训、新疆中小学少数民族教师双语教学能力评价方案建构、新疆普通中小学少数民族汉语教师专业发展等问题进行了调查研究，提出加强族际交流、根据学生语言水平实施分层教学、以学生母语为基础逐步推进双语教学，鼓励和促进"部分课程汉语授课"模式的教学，提高双语教材的数量、质量及有效性，建构新疆中小学少数民族教师双语教学能力评价方案，针对教师需求建立新疆双语教师职前培养、录用及职后培训的有效机制（王兆璟、黄非非，2014；魏炜，2011；陈得军、张兴，2012；杨淑芹、于影丽，2011；吕青，2012）。在新疆双语教育个案研究方面，有学者对当前和田地区中小学维汉双语教育的体制、成就及存在的问题进行实地调查，总结和分析了现行三种双语教育模式的主要特征、优点和弊端以及影响和制约实施维汉双语教育的条件与因素，提出了完善双语教育的可行性对策建议（艾力·伊明，2011）。"十二五"期间，藏汉双语教育的研究成果也为数不少。学者们对西藏、青海地区藏汉双语教育的问题、成因及对策，藏族学校的双语教育文化建设，藏族学生双语态度对双语教学的影响等问题进行了调查研究，提出了增强师生民族意识，出台相应政策以及因地、因族制宜分类推进民族双语教学，加强藏族学校的双语教育文化建设，实施"一校双模"的双语教学途径，加大双语师资队伍的培养，重视开发校本课程和双语教材建设，丰富教学方法，营造校园双语氛围等对策建议（张善鑫，2012）。有学者论述了西藏自治区藏汉双语教育的历史嬗变、共时比较及其语言文化生态、师生双语态度与双语能力、双语教育模式分析及实施建议等问题，这对全面了解西藏自治区藏汉双语教育的历史、现状和展望未来具有较好的参考价值（刘全国，2014）。有学者对广西壮汉双语教育的价值取向及实现路径、壮汉双语教育存在的主要问题及改革发展转向进行了研究，认为壮汉双语教育价值取向的实现路径主要有实施多元文化整合教育、培训多元文化教师、改革教学和评价方式。壮汉双语教育存在的主要问题是教育目标过于功利、教学内容单一化、课程管理不够完善，其改革和发展应实现三大转向：从工具论到资源论，从单一文化取向到多元文化整合，从实验教学到课程体系建设（滕星、海路，2013；滕星，2012）。

（三）内地民族班办学科学发展研究

《国家中长期教育改革和发展规划纲要（2010—2020 年）》指出，"充分利用内地优质教育资源，探索多种形式，吸引更多民族地区少数民族学生到内地接受教育"；《国务院关于加快发展民族教育的决定》指出，"强化内地民族班教育管理服务"。内地民族班是我国民族教育的重要办学形式，是党和国家充分利用内地优质教育资源，加大对口支援力度，加快为民族地区培养各级各类高素质人才的重要举措和重大创新，是全国各族人民共同团结奋斗、共同繁荣发展的生动体现。"十二五"期间，这一领域的研究重点一是系统总结我国内地西藏班（校）的办学发展历程，二是积极探索内地民族班教育教学与管理服务的特点。

1. 系统总结我国内地西藏班（校）办学的发展历程

2015 年正值内地西藏班（校）办学 30 周年。有关研究从不同角度系统总结了内地西藏班（校）民族教育政策的流变及成效，内地西藏班（校）的办学效应，内地西藏班（校）办学 30 年的发展历程、特点及其展望，在此基础上提出内地西藏班（校）民族教育政策的调整建议。

研究发现，30 年来内地西藏班（校）办学、招生规模不断扩大，办学类型、层次趋于多元，显性作用明显；其为西藏社会经济建设储备人才的教育辐射功能逐步显现。但就当下现实来看，内地西藏班（校）的办学总体水平还需进一步提升，布局和层次结构有待优化，学校管理水平和教育教学质量也存在较大提升空间。内地西藏班（校）民族教育政策调整应由强制转向自觉，由外延转向内涵，逐步走上由依靠外援过渡到自立自强的过程中来。因此，内地西藏班要继续坚持以质量发展为前提，加强办学的实效性、管理的多元性、教学的有效性、区内与区外的协调性等方面的探索，凝练办学特色与明确今后的发展方向，为西藏政治、经济、文化、教育等领域的发展发挥更大的实际效应（吴晓蓉，2013；白少双、严庆，2014；黄少微、曹骁勇，2014；李梅，2015）。

2. 积极探索内地民族班教育教学与管理服务的特点

"十二五"期间，内地民族班的教育教学和管理服务研究进一步深化。研究者主要从理论和实践两方面探讨了内地西藏班和内地新疆班的多元文化教育理念、德育教育、文化适应、人际交往、办学管理等方面的问题。

在内地班实施多元文化教育方面，应做好教师的多元文化教育培训、多元文化课程的建构、多元文化课堂教学模式的设计三方面的工作，内地西藏班学生的学习目的主要有学习知识、增长见识和为求职做准备，学习自我效能感高，但学习兴趣不浓，学习缺乏计划性，也不能进行知识的迁移学习；在德育方面，应建立统一的、具有可操作性的内高班德育考评体系，重视和加强对现行德育教育中薄弱点和空白点的理论研究与指导，强化内派管理教师的专业培养以及进一步加强内高班学生的感恩教育、暑期政治思想教育；在文化适应方面，学校应以多元文化教育促进师生跨文化交往，通过关注学生的年龄和认知特点，开展以"文化疗法"为取向的教师培训，营造有特色的校园文化环境等，提升内地班学生的文化适应能力；在人际交往方面，当前内地西藏班（校）学生民族交往的程度、频率、范围还相当有限，有必要通过相应的措施加以改善，进一步发掘民族交往促进民族团结的功能；在办学管理方面，采取全市交流研讨、统一日常管理制度、教育参观常规化、调整办学经费等措施，完善北京市新疆、西藏内地高中班的办学管理体制（许丽英，2014；于向海，2014；周巧云，2015；吴晓蓉，2013；张东辉、陈立鹏，2012）。

（四）优秀民族文化传承与发展研究

党的十八大报告明确提出"建设优秀传统文化传承体系，弘扬中华优秀传统文化"和"繁荣发展少数民族文化事业"的要求。国务院《关于加快发展民族教育的决定》指出"继承和弘扬少数民族优秀传统文化"，"开展教学和研究，挖掘民族优秀文化资源，抢救保护和传承非物质文化遗产"。"十二五"期间，这一领域的研究热点：一是对民族文化传承与教育的互动关系进行理论探讨；二是开展民族文化教育课程建设的个案研究。

1. 探讨民族文化传承与教育两者的互动关系

研究者主要从文化共生、文化位育、文化冲突与整合、多元文化整合教育、文化相对论、教育传承主体等理论视角探讨少数民族文化传承与教育特别是学校教育两者之间的关系。

在文化共生理论视野下，教育应当调适主流文化与少数文化的冲突，实现民族文化发展乃至民族统合的共生目标（孙杰远，2012）。文化位育是改善家、校、社区文化疏离，实现多元文化和谐共生，以及不同自然与文化生态系统中生物个体与群体安所遂生的动力与有效方略（吴晓蓉、王培，2011）。基于文化相对论视角，构建家庭教育、社区教育和学校教育传承民族文化的平台和路径，共同促进其发展（周兰芳，2014）。在多元文化冲突背景下，少数民族文化与基础教育课程的整合，有利于实现少数民族文化的传承与创生，促进基础教育公平，提升学生的跨文化适应能力和激活少数民族文化（蒋士会、赖艳妮，2014）。"多元文化整合教育"为民族文化的传承与发展奠定了理论基础，应树立多元文化整合教育理念，构建具有民族特色的多元文化课程体系、培养多元文化师资队伍和实施多样化的教育手段（马文静，2011）。从少数民族非物质文化遗产教育传承主体的视角看，个人、家庭、社会与学校相互交融、重叠和互补，构成文化传承的教育主体，共同创造一个具有民族文化基因特色和持续发展的美好未来（普丽春、袁飞，2012）。

2. 开展民族文化教育课程建设的个案研究

优秀民族文化传承与发展的有效路径是在学校开设民族文化教育课程，将优秀民族文化传承真正融入学校教育中。研究者主要从民族文化教育传承中存在的问题及其对策、民族文化课程资源开发现状、"民族文化进校园"的实践、人口较少民族民族文化传承状况及改善路径等方面对民族文化教育课程资源建设进行个案和实践研究。

研究发现，民族文化教育课程建设实践中普遍存在的问题有：（1）师生对本民族文化高度认同，但学校课程却未成为民族文化传承的主要途径；（2）民族文化课程资源开发尚停留于表层，缺乏规范性和系统性；（3）部分教师对少数民族文化不熟悉、课程资源意识不强及开发能力弱；（4）各方支持力度不够。建议民族文化教育课程资源开发既要从课程政策、课程目标、经费投入、教师的专业化水平、灵活规范的课程资源开发模式或课程设计策略、课程评价体制与经验交流等学校教育方面寻求完善和改进，也要制定相应的公共政策，整合学校、家庭、社区的教育资源，建立学校教育、家庭教育、社会教育相互衔接的多元一体的民族文化教育传承系统（刘茜、张良，2011；王标、宋乃庆，2013；王剑兰等，2014；罗之勇、谢艳娟，2013；王希辉、李亮宇，2014；杨丽萍，2011）。

（五）少数民族教育均衡发展研究

《国家中长期教育改革和发展规划纲要（2010—2020年）》指出"促进民族地区各级各类教育协调发展"，国务院《关于加快发展民族教育的决定》强调"全面提升各级各类教育办学水平"，"十二五"期间，少数民族教育均衡研究的重点：一是从教育公平的视角探讨少数民族教育发展不均衡的逻辑起点与改善途径；二是在重视民族基础教育、高等教育研究的同时，加强对民族地区职业教育、学前教育的研究。

1. 从教育公平的视角探讨少数民族教育均衡发展的问题

教育机会均等是社会公平的重要指标之一，教育机会不均等主要是由于教育发展不均衡造成的（祁进玉，2011）。

由于西部民族地区与中东部地区在自然环境、社会经济发展水平、人力资源等方面存在较大差异，使得西部民族地区的现代教育发展基础相对薄弱，特别是农村少数民族学生接受优质教育的机会较少。因此，促进教育均衡发展是实现民族地区教育公平的基础与重要手段（马丽君、曹新蕊，2014）。

从整体上看，我国少数民族地区学校教育资源相对短缺、教学形式比较单一、教育质量普遍低下，造成这种教育不均衡现象的原因既有社会制度和结构层面上的外部因素，也有家庭或个人层面上的内部因素。可从三个层面促进民族地区教育均衡发展：从宏观上，政府应增加对民族地区的教育经费投入，制定针对民族教育的特殊政策；从中观上，教育部门应提高教师待遇，加强师资力量，重视课程资源建设，发展职业教育；从微观上，培养教育管理者和教师的多元文化教育理念，改革教学方法，有效利用和开发课程资源（袁同凯、胡松园，2014）。

2. 加强对民族地区职业教育和学前教育的研究

以往的民族教育研究主要关注少数民族地区的基础教育（特别是义务教育）和高等教育，对民族地区的职业教育和学前教育重视不够。"十二五"期间，学者们加大了对少数民族职业教育和学前教育的研究力度。

一是针对当前民族地区职业教育中普遍存在的问题提出发展民族特色职业教育、促进民族共生教育体系建立的改革思路。西部地区民族职业教育发展与民族文化有其特定的内在联系：西部地区民族职业教育从民族文化中汲取养分、拓宽思路，民族文化的传承也有赖于职业教育的发展（何一成、陈恢军，2015）。当前一些民族地区的职业教育由于价值定位失当出现了毕业生大量外流、技能型人才缺失、招生困难、专业设置本土适应性不强等问题。因此，因地制宜，从民族地区独特的传统文化出发发展特色职业教育是十分必要的。发展特色职业教育可有效协调好人与自然、人与文化的共生关系，促进民族共生教育体系的建立（张诗亚，2013）。

二是对民族地区学前教育发展中存在的突出问题进行学理分析并提出对策建议。民族地区学前教育发展面临的问题可分为外向型和内生型两种模式。外向型发展问题是指由于民族地区经济发展落后、自然环境恶劣，学前教育存在办园规模不能满足幼儿入园需要、师资数量不足、教师学历层次不高、经费投入不足、幼儿园类型结构不合理等问题（胡韬等，2011）；内生型发展问题则是指民族地区学前教育的办学方式、保教内容、师资培养等与民族幼儿发展的实际需求相脱节（黎平辉，2014）。前者可通过增加学前教育经费投入、加大师资培养力度、特别重视农村学前教育的发展等对策加以解决，后者可采用与居住分散相适应的多样化的学前教育办学方式、传承民族文化的农村学前教育课程开发与保教方法创新、利用当地资源培养农村学前教育师资等手段和策略。

（六）民族地区基础教育课程改革研究

少数民族基础教育质量问题一直是我国少数民族地区学校教育研究与实践的重点与难点。国务院《关于加快发展民族教育的决定》指出，"（民族地区义务教育）以提高教学质量为重点，实施民族地区中小学理科教学质量提升计划，深化课程和教学改革"，"（民族地区普通高中）加强理科课程和实验课教学"。可见，如何提高民族地区课程教学质量，特别是提高理科课程教学质量是当前民族地区基础教育课程改革的重中之重，也是"十二五"期间少数民族基础教育研究的重点。因此，相对集中精力、加大力度开展民族地区数学与理科基础教育课程研究，是在国家课程改革大背景下提高民族地区学校教学水平的重要抓手，是进一步提高民族教育质量的新的突破口（孙晓天等，2013）。

从宏观上看，影响少数民族理科教育质量的主要因素有民族地区语言教学模式处于新的探索阶段、理科教师的语言转换难度较大、理科课程标准难度过高、理科教师的招聘与配置不足以及缺乏语言与文化适宜的教育资源等。建议开设"语言与文化适宜的教学法"等课程，提高民族地区教师的教学能力和语言转化能力，加强基于教育与心理的实证研究和理科教学实践探索（郑新蓉、王学男，2015）。

在微观层面上，通过对我国民族地区的理科双语教材建设、学生数学学习态度、初中数学课堂教学问题调查研究发现：（1）理科双语教材存在"对译平列""主次不分"等问题；（2）民族地区学生的数学学习态度不受民族地区经济和社会发展的影响，而更多地与儿童的天性、教材、教学方式、学校环境有关；（3）民族地区数学课堂上教师提出的问题过多、过频，且问题自身缺乏弹性，留给学生的思考时间不够充分，难以真正达到鼓励学生积极思考、互动交流的目的。建议一是在双语教材建设工作中树立"双语双强"的教育理念，双语教材内容的安排应突出重点、主次分明，增加地方文化特色；二是保护儿童天性、丰富课堂教学方式；三是更新教学理念、深入研究各种教学方式并合理使用现代教育技术手段（贾旭杰等，2014；何伟、李明杰，2014；梁芳、孙晓天，2014）。

（七）少数民族大学生就业创业问题研究

国务院《关于加快发展民族教育的决定》指出，"加强普通高校、职业院校毕业生就业创业指导。开设就业指导课程，普及创业教育，引导学生树立正确的择业观，增强创业意识和创业能力"。少数民族大学生就业问题是少数民族高等教育中的一个重大问题，事关少数民族的切身利益以及民族地区经济社会的稳定发展。少数民族大学生的创业研究目前尚处于起步阶段，但对提高少数民族大学生的就业竞争力、改变其就业观念、增强其创业意识和创业能力具有重要意义。"十二五"期间，研究者持续开展少数民族大学生就业问题的调查研究，并对少数民族大学生创业问题进行了初步探讨。

1. 加强少数民族大学生就业问题的调查研究

"十二五"期间，西部地区少数民族大学生的就业问题特别是新疆少数民族大学生的就业问题成为研究的重点，这类研究以实证研究或"问题"→"对策"类型的调查研究为主。

研究者主要针对新疆少数民族大学生的就业状况、就业模式、就业指导教育以及民汉大学生就业差异等问题进行调查研究，发现新疆当地就业岗位难以满足少数民族大学生就业需求，就业结构性矛盾、素质不相适应的矛盾仍较为突出，少数民族大学生就业难度在逐年增大；就业指导课程时效性不强，就业指导缺乏系统性和连续性，就业指导教师素质良莠不齐，就业指导内容较浅显且缺乏针对性；新疆民汉大学生就业差距主要表现在就业质量、就业态度、就业地域选择、创业意识等方面。建议新疆地区高校要进一步完善少数民族大学生就业指导教育与服务工作机制；社会要营造共同关心和促进少数民族大学生就业的良好环境；少数民族大学生还要明确自身差距，全面提升自身综合素质；建立政府和市场共同作用下的少数民族大学生就业新模式（赵强，2011；阿不力克木·艾则孜，2013；居来提、苏来曼，2011；郝娜、李光明，2011）。此外，有研究通过对全国 10 所民族院校和民族地区高校的 7936 份问卷统计，分析少数民族大学生就业资本与其就业效果的关系，发现无论是家庭资本、大学生自身资本，还是大学赋予的资本都对民族院校大学生的就业形势、就业地域、就业单位性质、岗位对口程度产生显著影响。只有从少数民族大学生自身素质和民族院校教育教学服务等方面做出积极努力，才能从根本上改善民族院校大学生的就业效果（夏仕武，2012）。还有研究发现西北地区的少数民族大学生面临就业困难、就业质量不高的问题，提出改善基础教育办学条件、优化专业结构、强化技能训练、增强民族预科班规模、精心选派专职辅导员、鼓励学生返乡创业、加大就业政策倾斜度等破解途径和措施（汪子云，2012）。

2. 初步开展少数民族大学生创业教育研究

我国高校的创业教育还处于起步阶段，而针对少数民族大学生创业教育的相关研究更是凤毛麟角。充分认识加强少数民族大学生创业教育的意义，深入思考创业教育的现状和问题，有针对性地提出加强少数民族大学生创业教育的对策建议，对于提升少数民族大学生的创业教育水平具有重要的作用（宋晓东，2013）。对少数民族大学生创业行为的影响因素展开研究，从学生的创业心理、创业行为以及创业环境上将存在的问题转化为推动学生创业的动力，尤其是改变少数民族学生的创业观念，为民族地区争取更多的创业机会，减小创业成本，孵化更多的创业成功者。建议在政府层面，应加强政策引导与资金支持；在社会层面，创造社会支持的外部环境；在学校层面，转变学生的创业观念（马莉等，2014）。新疆少数民族大学生在创业过程中还存在优势不突出、综合素质和创业能力有待提高、创业环境有待优化等问题。建议政府等部门应更加重视少数民族大学生的就业和创业，为其提供良好的环境；高校应在专业设置上突出优势，并积极联合企业进行创业教育；少数民族大学生也应不断转变观念，努力提高自身素质和综合能力（刘会、刘艳，2011）。

（八）多元文化教育比较研究

《全国民族教育科研规划（2014—2020年）》指出，"通过比较研究，积极借鉴西方多元文化教育的理论成果和成功经验，推进我国民族教育的理论建设和实践进程，促进我国民族教育及其研究走向世界"。"十二五"期间，研究者主要介绍了国外多元文化教育的理论体系，开展课程与教材研究、多元文化教育教师与学生研究以及美国、加拿大、澳大利亚等国的多元文化教育研究，并将中国少数民族教育与西方多元文化教育进行比较，这种比较研究的意义主要体现在两个方面：一是借鉴西方多元文化教育的理论成果和成功经验，同时反思其不足与教训；二是在参考和借鉴西方多元文化教育理论的基础上，建构中国本土的多元文化教育理论体系和实践模式。

1. 借鉴与反思西方多元文化教育的理论与实践

国内研究者在评述西方多元文化教育理论与实践的基础上将其与中国民族教育进行比较，从中获得某些启示或进行反思。

首先是对西方多元文化教育政策、少数民族教育立法、多元文化教师教育的特点和经验进行述评，从而为我国民族教育研究的发展提供启示和借鉴。研究发现，世界主要民族国家，如美国、英国、澳大利亚、法国、俄罗斯、印度、加拿大等国家的民族教育政策大都呈现出相似的特点和共同的发展趋势，即在民族教育政策制定中，都奉行民族平等原则，采取差异补偿措施；重视少数民族学生基本能力和核心素养的培养；既尊重民族文化多样性，又坚持开展共同价值观教育；加大民族教育的资金投入和人员支持；通过完善法律法规，为民族教育提供制度保障。这些政策措施对完善我国民族教育政策法治建设提供了重要参考（顾明远、马健生和田京，2015）。一些国家民族教育政策实施的成功经验为我国民族教育的发展提供了有益的参考。如在民族教育立法方面，澳大利亚制定了相关法律保证土著民族的教育经费投入，及时修订法律政策，法律内容注重民族文化特点和民族交流，强调土著民族在教育决策中的积极参与。这些对我国民族教育立法有重要启示：完善我国少数民族教育法律政策体系，设立少数民族教育专项经费，建立科学有效的法律政策反馈修订机制，法律政策在内容上注重民族认同感的培养，提高少数民族的教育自主管理水平（陈立鹏、张靖慧，2011）。美国主要采取两大措施开展多元文化教师教育：一是开设专门的课程，同时将多元文化教育理念渗透在整个教师教育的培养方案中；二是在课程实施中采取自传和反思、基于社区的学习、文化敏感性教学等方式培养教师的多元文化教育知能，这为我国民族地区教师教育提供了有益启示：要重视民族地区教师教育的特殊性，充分挖掘和培育多元文化教师教育资源，为教师提供跨文化体验的机会，强化自主反思与探究（王艳玲、苟顺明，2012）。

其次是对西方多元文化教育理论和模式进行反思。有学者认为，在借鉴西方经验的过程中，中国学者必须始终坚持批判与自省的立场，深入探讨多元文化教育的中国意义与中国问题。这种文化反思不仅为我国少数民族教育带来新的启示，也为中国社会现代化变革所带来的诸多问题开辟了更广阔、更深刻的理解角度，还促使人们深入思考我国教育在西方文化面前的立场与价值担当

（王熙，2012）。有学者认为，多元文化教育的本土化决定了不能将西方多元文化教育的理论和方法简单地移植到我国的民族教育中，而是必须让理论根植于中华民族的社会、文化、教育与民族关系的历史脉络之中，具有高度的本土契合性，将西方多元文化教育理论与我国的具体国情结合起来，促进其本土性转化，以便丰富我国少数民族教育理论和方法（白亮，2011）。

2. 建构中国本土的多元文化教育理论体系和实践模式

"十二五"期间，我国一些学者从中国的国情出发，在参考和借鉴西方多元文化教育理论的基础上，提出了中国本土的多元文化教育理论和实践模式。有学者从意识形态、意识生态、意识心态的视野，集中分析了多元文化教育与国家、地方（民族）和个人之间的关系，探讨了实施多元文化教育的可能与路径，在整合的意义上，提出了"多元文化教育三态说"的理念，为探讨本土的多元文化教育理论与实践作出了尝试（钱民辉，2011）。这一理论有助于重新理解现代性与民族教育的关系，也为在少数民族地区推进多元文化教育提供了学理依据、实践思考以及政策建议（钱民辉、沈洪成，2012）。有学者从全球化的视野，提出了以乡土教育、公民教育和多元文化教育为主要内容的全球化背景下的"多元文化整合教育理论"框架，说明中国民族教育应该承担培养学生具有乡土情怀、公民意识、跨文化的能力和全球意识的使命（陈学金、滕星，2013）。有学者提出了"一核多元"的文化观，其具体要点是：多元一体，体中有核；一核多元，多元一核，相互生成，永不枯竭；多元互动，中和位育，相互尊重，相互制约，美美与共，良性和谐（吴明海，2014）。"多元文化教育三态说""多元文化整合教育理论""一核多元中和位育"文化观等多元文化教育本土学说的提出，表明我国学者在借鉴西方多元文化教育理论、方法和经验的基础上，正积极地建构适合我国国情的多元文化教育理论体系和实践模式。

三、民族教育研究存在的主要问题

（一）研究理论水平层次有待提高

从研究成果的理论水平来看，"十二五"期间大多数民族教育研究属于实践研究和初步的思辨研究，具有较高理论水平和较强理论指导价值的研究成果并不多。究其原因，一是由于少数民族教育问题的复杂性和多元性，用一般的教育教学理论很难有效地解释和指导少数民族教育实践，因而在理论提升方面存在较大难度；二是民族教育研究者有不少是来自民族地区或民族教育实践的一线工作人员，相对而言其理论素养还有待提升；三是我国本土的民族教育理论学说，如"多元文化整合教育理论""共生教育论""多元文化教育三态说"等，目前大多仍处在思辨和讨论阶段，尚需经过实践验证和应用。

（二）研究内容不够系统全面

"十二五"期间，民族教育研究成果主题及内容分布不够均衡。如在各级各类民族教育研究中，少数民族基础教育和高等教育研究成果的数量最多，少数民族学前教育（含幼儿教育）、职业教育、成人教育的研究成果数量明显不足，而且在民族基础教育中普通高中教育的研究内容又偏少。这与当前国家重视少数民族学前教育、职业教育、成人教育和普通高中教育的政策与实践是不相适应的。从研究区域上看，民族教育研究成果主要聚焦于西部民族地区特别是新疆、西藏、青海、内蒙古和吉林延边地区的少数民族教育，对城市散杂居区的民族教育（不含内地班）、少数民族随迁子女教育和其他地区的少数民族教育相对关注不够。此外，还缺乏对不同地区、不同民族、不同国家之间民族教育系统、深入的比较研究。

（三）研究视角相对狭窄

相对普通教育，少数民族教育问题具有更为丰富的语言、历史、文化、宗教、社会等多元背景，是一个集民族、语言、文化、心理等于一体的复杂性问题。因此，对少数民族教育问题的研究更需要多学科之间的融合，从多学科的立场综合认识、分析和研究（辛宏伟，2011）。现有的民族教育研究成果中多是从教育学的视角来研究少数民族教育问题，另有一部分研究成果主要从民族学（文化人类学）、语言学、心理学等学科视角分析少数民族教育问题。总体上看，综合多学科视角、应用多种方法、由不同专业人员共同参与完成的民族教育优秀研究成果并不多见。

四、民族教育研究发展的建议和展望

（一）加强民族教育的理论研究

民族教育研究应突破针对少数民族教育"就事论事"和"问题对策型"的传统研究模式，进一步加强理论研究，从多学科的理论视角来关注民族教育问题，如"文化回应教学""国际理解教育""交往互动理论""文化适应理论"，在扎实的经验研究的基础上，将理论与实践有机结合，并尝试与国内外相关理论进行对话，努力提升研究成果的理论层次和理论价值，不断丰富和完善具有中国特色的民族教育理论体系，为党和政府制定与调整民族教育政策提供科学依据，更好地指导和推动少数民族教育实践的科学发展。

（二）丰富民族教育的研究内容

应从研究主题上不断丰富民族教育的研究内容，以更好适应民族教育实践发展的需要。一是加强对少数民族职业教育、学前教育、成人教育和普通高中教育等薄弱内容的研究；二是逐步扩大对城市少数民族教育及其他相关少数民族教育问题的研究。

（三）拓宽民族教育的研究视角

通过跨学科研究、团队合作研究、比较研究等形式，不断拓宽民族教育的研究视角，以更好地认识和总结我国民族教育发展的规律、特征及本质，更有效地指导我国民族教育的实践工作。一是民族教育研究者应努力从教育学、民族学、语言学、心理学、人类学、社会学等多学科的视角来研究民族教育问题；二是提倡民族教育研究的团队合作，鼓励不同学科、不同专业的研究者共同参与民族教育研究活动；三是积极开展对不同地区、不同民族、不同国家民族教育的比较研究。

参 考 文 献

［1］邵晓霞，傅敏．论文化身份认同类型学理论及其对民族团结教育课程的启示［J］.贵州民族研究，2011（1）：130－135.

［2］严庆，刘雪杉．民族交往：提升民族团结教育实效性的关键——以内地西藏班（校）为例［J］.西藏民族学院学报（哲学社会科学版），2011（4）：91－95.

［3］张勇．理解教育视域下的边疆中学民族团结教育研究——基于一项民族团结教育的行动实践［J］.云南民族大学学报（哲学社会科学版），2015（3）：143－148.

［4］徐柏才．论民族团结进步教育的实施路径［J］.中南民族大学学报（人文社会科学版），2013（1）：5－8.

［5］张立辉，许华峰．积极培育中华民族共同体意识路径探析——以西南民族大学民族团结教育为例［J］.西南民族大学学报（人文社科版），2015（5）：214－217.

［6］奔厦·泽米，吴宇．新时期的高校民族团结教育及其路径选择［J］.西北民族研究，2011（3）：231－237.

［7］邓群，王叶红．新形势下民族院校民族团结教育模式创新研究［J］.成人教育，2012（7）：55－56.

［8］马戎．从现代化发展的视角来思考双语教育［J］.北京大学教育评论，2012（3）：136－156＋191－192.

［9］赵建梅．培养双语双文化人：新疆少数民族双语教育概念探讨［J］.新疆社会科学，2011（5）：157－162.

［10］滕星，海路．语言规划与双语教育［J］.新疆师范大学学报（哲学社会科学版），2013（3）：32－36＋4.

［11］万明钢，刘海健．论我国少数民族双语教育——从政策法规体系建构到教育教学模式变革［J］.教育研究，2012（8）：81－87.

［12］王兆璟，黄非非．维汉双语教学现状及有效策略研究——基于新疆阿克苏地区的调查［J］.西北师大学报（社会科学版），2014（2）：110－116.

[13] 魏炜. 对新疆少数民族双语教育模式的几点思考 [J]. 新疆教育学院学报, 2011 (1): 42 - 48.

[14] 陈得军, 张兴. 新疆少数民族双语教学的教材问题分析 [J]. 语言与翻译, 2012 (4): 66 - 68 + 72.

[15] 杨淑芹, 于影丽. 新疆中小学少数民族教师双语教学能力评价方案建构研究 [J]. 新疆师范大学学报 (哲学社会科学版), 2011 (4): 62 - 71.

[16] 吕青. 新疆双语教师培训的跨越式发展 [J]. 北京教育学院学报, 2012 (1): 35 - 40.

[17] 艾力·伊明. 多元文化整合教育视野中的维汉双语教育研究 新疆和田中小学双语教育的历史、现状与未来 [M]. 北京: 民族出版社. 2011.

[18] 张善鑫. 民族双语教学: 问题、成因与对策——以藏汉双语教学为例 [J]. 当代教育与文化, 2012 (4): 6 - 10.

[19] 刘全国编著. 西藏自治区双语教育研究 [M]. 北京: 社会科学文献出版社, 2014.

[20] 滕星, 海路. 壮汉双语教育的价值取向及实现路径 [J]. 广西民族研究, 2013 (2): 67 - 72.

[21] 滕星. 壮汉双语教育的问题及转向 [J]. 广西民族大学学报 (哲学社会科学版), 2012 (4): 7 - 11.

[22] 吴晓蓉. 内地西藏班 (校) 民族教育政策的流变及成效 [J]. 西北师大学报 (社会科学版), 2013 (5): 66 - 72.

[23] 白少双, 严庆. 过程的视角: 内地西藏班办学效应研究 [J]. 民族教育研究, 2014 (5): 80 - 86.

[24] 黄少微, 曹骁勇. 内地西藏班教育三十年回顾与展望 [J]. 民族论坛, 2014 (2): 110 - 112.

[25] 李梅. 内地西藏班 (校) 民族教育政策调整研究 [J]. 西藏大学学报 (社会科学版), 2015 (2): 151 - 155.

[26] 许丽英. 内地班多元文化教育的理念与实现路径 [J]. 民族教育研究, 2014 (6): 22 - 27.

[27] 于向海. 内地西藏班高中生学习方式调查研究 [J]. 西藏教育, 2014 (10): 59 - 61.

［28］周巧云．上海内地新疆高中班德育教育成效调查研究［J］．青海民族研究，2015（3）：193－196．

［29］吴晓蓉．内地西藏班（校）学生文化适应状况调查分析——以成都西藏中学为例［J］．中国藏学，2013（3）：166－173．

［30］张东辉，陈立鹏．北京市新疆、西藏内地高中班办学与管理现状分析：成效、问题与对策［J］．民族教育研究，2012（6）：28－33．

［31］孙杰远．走向共生的民族文化发展与教育选择［J］．教育研究，2012（9）：99－103．

［32］吴晓蓉，王培．从文化位育之道看贵州省民族文化进校园［J］．湖南师范大学教育科学学报，2011（4）：29－33．

［33］周兰芳．文化相对论视域下民族文化传承教育［J］．民族论坛，2014（5）：77－80．

［34］蒋士会，赖艳妮．多元文化冲突时代少数民族文化与基础教育课程整合论纲［J］．广西师范大学学报（哲学社会科学版），2014（4）：6－12．

［35］马文静．多元文化整合教育与民族文化传承及发展［J］．民族教育研究，2011（4）：23－26．

［36］普丽春，袁飞．少数民族非物质文化遗产教育传承的主体及其作用［J］．民族教育研究，2012（1）：115－121．

［37］刘茜，张良．民族文化课程资源开发的现状及对策研究——基于重庆市石柱土家族自治县中小学的个案调查［J］．当代教育科学，2011（9）：22－25．

［38］王标，宋乃庆．教师开发利用少数民族文化课程资源现状调查与思考［J］．民族教育研究，2013（2）：123－128．

［39］王剑兰，张丽娜，廖素群，张成林，刘崇民．学校教育中少数民族文化传承现状及对策——基于对粤北少数民族地区的调查［J］．中国教育学刊，2014（4）：48－50．

［40］罗之勇，谢艳娟．基于"多元文化教育三态说"的仫佬族民族文化传承系统的构建［J］．湖南师范大学教育科学学报，2013（3）：23－27．

［41］王希辉，李亮宇．民族文化教育传承中存在的问题及其对策研究——基于重庆市酉阳县民族完小个案调查分析［J］．民族教育研究，2014

（1）：92 - 95.

[42] 杨丽萍. 民族文化进校园的实践与反思——基于广西武鸣县民族教育情况的调查和研究 [J]. 民族教育研究，2011（2）：107 - 111.

[43] 祁进玉. 促进教育机会均等与教育公平：对民族地区义务教育发展的初步思考 [J]. 民族教育研究，2011（3）：5 - 9.

[44] 马丽君，曹新蕊. 教育均衡发展：西部民族地区教育公平的实现基础 [J]. 青海师范大学学报（哲学社会科学版），2014（3）：118 - 122.

[45] 袁同凯，胡松园. 我国少数民族学校教育发展中的不公平现象及原因与对策研究 [J]. 云南民族大学学报（哲学社会科学版），2014（3）：151 - 155.

[46] 何一成，陈恢军. 西部地区民族职业教育发展着力点：民族文化 [J]. 贵州民族研究，2015（4）：202 - 205.

[47] 张诗亚. 发展民族特色职业教育　促进民族共生教育体系建立 [J]. 民族教育研究，2013（1）：5 - 9.

[48] 胡韬，赵德肃，郭文. 民族贫困地区学前教育发展的问题与对策——以贵州为例 [J]. 现代教育科学，2011（10）：106 - 107 + 146.

[49] 黎平辉. 资源开发与文化传承——西部民族地区农村学前教育内生型发展模式探究 [J]. 民族教育研究，2014（1）：100 - 104.

[50] 孙晓天，何伟，贾旭杰. 民族地区义务教育数学课程的问题及对策 [J]. 中国民族教育，2013（2）：15 - 17.

[51] 郑新蓉，王学男. 少数民族理科学习困境的因素分析 [J]. 教育学报，2015（1）：63 - 70.

[52] 贾旭杰，何伟，孙晓天，苏傲雪，杨佳. 民族地区理科双语教材建设的问题与建议 [J]. 民族教育研究，2014（5）：117 - 120.

[53] 何伟，李明杰. 我国少数民族地区学生数学学习态度的调查分析与思考 [J]. 民族教育研究，2014（1）：84 - 91.

[54] 梁芳，孙晓天. 民族地区初中数学课堂教学问题的案例分析 [J]. 民族教育研究，2014（5）：74 - 79.

[55] 赵强. 新疆少数民族就业状况及存在问题分析 [J]. 西南民族大学学报（人文社会科学版），2011（5）：36 - 41.

[56] 阿不力克木·艾则孜，谭刚，麦买提·乌斯曼，阿力甫·那思尔.

新疆少数民族大学生就业指导教育的现状及对策 [J]. 新疆师范大学学报 (哲学社会科学版), 2013 (5): 107 - 112.

[57] 居来提, 苏来曼. 基于市场、政府共同作用导向下的新疆少数民族大学生就业模式探讨 [J]. 西北民族大学学报 (哲学社会科学版), 2011 (5): 126 - 131.

[58] 郝娜, 李光明. 新疆民汉大学生就业差异比较分析 [J]. 人力资源管理, 2011 (2): 116 - 117.

[59] 夏仕武. 民族院校大学生就业资本与就业效果的实证分析 [J]. 民族教育研究, 2012 (3): 32 - 37.

[60] 汪子云. 西北地区少数民族大学生就业状况与对策探析 [J]. 中央民族大学学报 (哲学社会科学版), 2012 (4): 100 - 105.

[61] 宋晓东. 少数民族大学生创业教育对策研究 [J]. 民族教育研究, 2013 (5): 33 - 37.

[62] 马莉, 刘燕华, 钟福祖. 少数民族大学生创业行为影响因素的调查及对策——以西北民族大学为例 [J]. 西北民族大学学报 (哲学社会科学版), 2014 (3): 154 - 159.

[63] 刘会, 刘艳. 关于新疆少数民族大学生就业、创业问题的调查与思考 [J]. 新疆财经大学学报, 2011 (1): 76 - 80.

[64] 顾明远, 马健生, 田京. 世界主要国家民族教育政策的基本趋势 [J]. 外国教育研究, 2015 (8): 3 - 13.

[65] 陈立鹏, 张靖慧. 澳大利亚民族教育立法研究及启示 [J]. 民族教育研究, 2011 (3): 31 - 38.

[66] 王艳玲, 苟顺明. 美国多元文化教师教育的实施策略与启示 [J]. 教师教育研究, 2012 (5): 85 - 91.

[67] 王熙. 全球化时代背景下多元文化教育的内涵与中国特色 [J]. 全球教育展望, 2012 (6): 60 - 65.

[68] 白亮. 多元文化教育本土化的思考 [J]. 当代教育与文化, 2011 (1): 38 - 42.

[69] 钱民辉. 略论多元文化教育的理念与实践 [J]. 北京大学学报 (哲学社会科学版), 2011 (3): 136 - 143.

［70］钱民辉，沈洪成．从意识三态观重新审视现代性与民族教育之关系 [J]．广西民族大学学报（哲学社会科学版），2012（4）：2－6.

［71］陈学金，滕星．全球化时代"三种认同"与中国民族教育的使命 [J]．广西民族大学学报（哲学社会科学版），2013（3）：75－79.

［72］吴明海．一核多元　中和位育——中国特色多元文化主义及其教育道路初探 [J]．民族教育研究，2014（3）：5－10.

［73］辛宏伟．近二十年来中国少数民族双语教育问题研究的元分析 [J]．新疆师范大学学报（哲学社会科学版），2011（1）：91－97.

专题二

边疆民族教育的历史与文化

怒族 5~6 岁幼儿早期阅读能力培养的困境与实践路径

——基于云南怒族 L 村落的人类学考察

段雪玲*

摘　要：早期阅读是儿童成为终身学习者的开端，阅读能力是幼儿认知能力的重要组成部分，对其学业成就和综合能力具有重要意义。作为语言发展的高级能力，早期阅读能力的培养依赖于长期的学习和成人的引导。本文基于云南怒族 L 村落的人类学考察，以 5~6 岁幼儿阅读能力培养为切入点，挖掘其现存困境，并提出完善怒族 5~6 岁幼儿早期阅读能力培养的实践路径：幼儿园、家庭和社区联动培养幼儿早期阅读能力，实现早期阅读教育内源发展；提供支持性的阅读环境，培养幼儿阅读兴趣和阅读习惯；运用多元方法，从整体上提高幼儿阅读能力。

关键词：怒族；5~6 岁幼儿；早期阅读能力；培养

一、怒族 5~6 岁幼儿早期阅读能力培养的背景

长期的进化过程使人类学会了写字，只有具有社会形态结构的生物才会思考、理解各种象征符号的意思。"在世界上每一种书写文化中，第一步都要学

---

* 段雪玲，保山学院教育学院讲师，西南大学教育学部硕士研究生。研究方向：学前教育。

会阅读，因为阅读可以使人在精神上更加独立，可以摆脱理解力的局限性。通过阅读记载的文字，可以分享人类记忆中的财富。"① 在飞速发展的信息时代，大量信息由文字承载，越发凸显阅读能力的重要。作为语言发展的高级能力，阅读能力需要依赖于长期的学习和成人的引导与支持。5~6岁作为幼儿入小学的准备阶段，培养幼儿阅读能力将有利于其顺利适应小学生活。

由于自然、历史、社会等多方面原因，民族教育发展仍面临一些困难和突出问题。怒族是怒江和澜沧江两岸的古老民族之一，主要分布在云南省怒江傈僳族自治州的福贡县、泸水县、贡山县和兰坪县。由于怒江大峡谷的阻隔，交通不便，致使怒族社会发育程度相对较弱。2011年国务院颁布《扶持人口较少民族发展规划（2011—2015）》、2016年国务院《关于加快发展民族教育的决定》中论述了发展人口较少民族学前教育的重要性与必要性，并提出促进人口较少民族学前教育发展的具体任务（孙亚娟，2016）。近年来，在"国十条"② 和"三年行动计划"③ 的推动下，云南省人口较少民族地区幼儿园或学前班的数量有了大幅提升，幼儿教育机构的硬件设施得到很大改善。"从2017年起，云南省全面实施'一村一幼'工程，实现民族地区行政村幼儿园全覆盖。"④ 本文所考察的怒族L村落，是该项工程的试点村落，于2016年恢复村落幼儿园，开设一个班，幼儿年龄均为5~6岁。在怒江这样一个少数民族聚居，多语言共存，早期教育发育程度较低，早期阅读能力培养存在众多困境的环境中，应开展系统的早期阅读能力培养活动，引导怒族5~6岁幼儿做好语言入学准备，更好地适应学校，顺利过渡到小学学习生活，减少因早期阅读能力较弱对未来学业成绩的影响。

"教育的对象是'人'，人类作为社会化的'生物'，不可能脱离社会而单独存在。假如我们将教育系统中的其他教育形式，如家庭教育、社区教育、自然教育等一一去除，使多样化的教育生态系统只剩下学校教育，那么它永远也不可能完成培养人的使命。"⑤ 由于自然和历史原因，怒族村落对自然环境有

---

① ［德］多纳塔·艾申波茜著，赵远红译. 童年清单［M］. 北京：北京出版社，2017：201.
② "国十条"指的是《关于当前发展学前教育的若干意见》。
③ "三年行动计划"指的是"教育部第二期学前教育三年行动计划"。
④ 云南省人民政府办公厅. 云南省人民政府关于加快发展民族教育的实施意见. 2016 - 12 - 21.
⑤ 李现平. 中国教育改革的辩证思考［J］. 北京大学教育评论，2006（1）：8 - 18.

着较强的依赖性，具有一定的封闭性，富有民族性和传统性。使得怒族传统儿童教育生态呈现出"内生"的特点，"这种'内生'的儿童教养活动贯穿于怒族个体的家庭和社会生活之中，通过家庭教育和社会教育，实现了怒族儿童的社会化"①。怒族"内生"的儿童教育生态系统主要由日常生活教育和基督教"主日学"②组成。"主日学"活动深受幼儿和家长的信赖与推崇，以传统劳作为生的怒族社会，儿童的日常生活教育主要源于儿童生活发展的需求，在生活实践中，父母以生活和劳作技能传授为主。怒族社会形成了相对完整的"内生"儿童教育生态系统，而幼儿园是现代化的产物，两者都以推动怒族幼儿健康成长为目的，缺一不可。因此，对 L 村怒族 5～6 岁幼儿早期阅读能力培养的考察，以人类学的整体观视角，将其置于意义情境和其他部分相联系之中。基于幼儿园之外更加宽广的、全面的社会情境之下进行分析，结合幼儿园、社区、家庭三者责任和利益共同体，深入了解怒族 5～6 岁幼儿早期阅读能力培养现状，分析现存困境，提出实践路径。

二、怒族 5～6 岁幼儿早期阅读能力培养的困境

（一）阅读环境欠佳，阅读材料闲置与匮乏

1. 阅读空间和时间得不到保障

考察发现，在 L 村落幼儿园、社区"主日学"和幼儿家庭中，都没有固定的阅读空间和时间安排。L 村幼儿园所用场地为原小学校舍，空间较大。由于 2016 年底才恢复，很多设备还没有完善，现有一间大教室及两间闲置的活

---

① 李姗泽，孙亚娟. 怒族聚居区学前儿童低入园率的归因分析——基于"文化—生态理论"的本土案例阐释［J］. 学前教育研究，2016（9）：3-13.

② "儿童主日学（sunday school）是基督教宗教教育的重要组成部分，是教导儿童及初信者的主要模式，起源于 18 世纪末叶的英国。"早期的"儿童主日学"课程包括教授《圣经》、解答教理、阅读、写字训练、清洁卫生习惯训练和良好礼貌的养成教育等。"儿童主日学"的最初目的在于礼拜日"主日学"老师帮助信教徒照看孩子，让家长安心在教堂礼拜和学习。后来在宗教人士的推动下，形成了带有宗教传播和保教结合的儿童教育模式。田野考察发现，在 L 村落，基督教会的儿童"主日学"发展相对成熟，有固定的时间、地点、教师和内容，在制度化教育机构出现之前，担任着早期教育的重要职责。据"主日学"老师介绍，在 2013 年撤点并校之前，每周三、周六晚上及周日全天都会开展活动。

动室，没有设置阅读区。教室内缺乏关于早期阅读的规则提示和墙面环境创设，一天的活动中没有安排固定的阅读时间。"主日学"活动室坐落于基督教堂南面100米处，活动室比较宽敞，由于没有设置窗户，室内光照环境不好。孩子在室内活动时，一般围坐在火塘旁边，借助门口透进来的光线。"主日学"活动主要包括周日上午学习赞美诗和赞美舞，下午去教堂表演，表演之后有时开展故事讲述活动，有时教幼儿做手工，没有固定的阅读空间和时间安排，早期阅读活动没有保障。在L村5~6岁幼儿家庭中，75%的幼儿家庭没有固定的阅读空间，幼儿的阅读局限于完成家庭作业。父母与幼儿共读的频率较低，只有20%的幼儿家庭一周进行2~3次阅读，30%的幼儿家庭偶尔进行，50%的幼儿家庭基本没有阅读活动。访谈中很多家长表示，每到农忙时节，家长忙于劳作，有时会让孩子帮老人一起做家务，幼儿做作业和看书的时间并不固定。

2. 读物的闲置与匮乏

阅读材料是幼儿阅读的载体和基础，丰富、适宜的阅读材料是早期阅读教育的保障和前提。L村落幼儿园和幼儿家庭都存在幼儿读物匮乏的问题，除了教育局统一发放的参考书，幼儿园只有三十多本儿童读物，主要源于爱心人士的捐赠，幼儿人均仅有1.4本。幼儿家庭拥有的读物也很匮乏，分布在4~15本。"主日学"活动室内有相对完备的硬件设施，有基督教会统一配备的电脑、音响、话筒、黑板；"爱基金中国留守儿童工程"提供的《快乐成长班手册》以及教师使用的讲解视频资料、诗歌集、赞美敬拜舞等视频资料，《快乐成长班手册》幼儿人手一册；还有各界爱心人士捐赠的150余册故事书、图书、识字书以及纯文字的童话故事，以及铅笔、彩笔、橡皮擦等文具。与幼儿园相比，社区"主日学"活动室具有较为丰富的硬件设施和阅读材料，书架上贴有培养幼儿良好阅读习惯和阅读规则的标签，但没有得到合理运用，都放置于活动室最里面的角落，为了爱护书籍，用布盖着，一般不会轻易被发现，处于闲置状态。

(二) 阅读活动目标指向片面识字，忽视幼儿整体发展

1. 先识字，再阅读

整理分析资料，L村落幼儿园早期阅读能力的目标主要为：学会用普通话进行交流；能准确认读 26 个拼音字母和简单汉字；背诵书上的诗歌；正确书写自己的姓名，掌握拼音字母和汉字在线格中的位置与写法。所收集的 20 份语言活动方案目标都包括背诵诗歌、认读汉字、书写汉字三个方面。从活动目标的设置来看，教师教学以认读汉字和背诵古诗等能力的培养为主。教师开展活动时，带有较强的功利主义色彩，追寻阅读指导的"结果"——寻求"幼儿认识了几个汉字？会背诵诗歌了吗？通过这个故事懂得了什么道理？"等问题的答案，将早期阅读教育活动变成一种包裹着说教内容的外衣，忽视了最基本的早期阅读技能的培养。

从家长对早期阅读活动目标的认识可以看出其价值取向，通过访谈得知，大部分家长认为早期阅读就是父母和孩子一起看书。35% 的家长认为家庭早期阅读最主要的目的是教幼儿认读汉字；35% 的家长认为早期阅读是为了帮助孩子完成幼儿园布置的作业，让幼儿掌握知识；30% 的家长认为亲子阅读可以让幼儿了解书本上的内容，还能引导幼儿养成喜欢看书的好习惯。即大部分家长对家庭早期阅读活动目标的认识还存在一定误区，认为只有先识字，才能阅读，认读汉字是幼儿上学的主要任务。其次是掌握书上的内容，背诵儿歌、古诗，讲述故事。教师、家长只重视学业知识的入学准备，忽视了幼儿身体、能力、情感等方面的全方位准备。

2. 阅读目标过度依赖参考书

访谈中，幼儿园老师和"主日学"老师都表示不了解 5～6 岁幼儿应该具备怎样的阅读能力以及早期阅读能力的培养目标，所考察幼儿园的教学活动，都是按照参考书开展，以完成书上的任务为主，没有系统明确的早期阅读教育目标。一般来讲，早期阅读活动的目标制定应依据幼儿实际发展水平、兴趣和生活、参考书等，"《幼儿园教育指导纲要（试行）》（以下简称《纲要》）明确指出，教育活动目标要以《幼儿园工作规程》和《纲要》所提出的各领域目标为指导，结合本班幼儿的发展水平、经验和需要来确定"①。考察中还发现，教师阅读活动方案中的目标设计过度依赖参考书，较少联系幼儿实际。

---

① 教育部基础教育司组织编写. 幼儿园教育指导纲要（试行）［M］. 南京：江苏教育出版社，2002：36.

（三）阅读活动以抽象知识为主，偏离幼儿实际生活

1. 读物偏离幼儿生活

皮亚杰指出，"任何心理结构，都是主体与客体相互作用的结果"①。幼儿早期阅读能力的培养也是在主客体相互作用的过程中进行的。阅读材料作为早期阅读能力培养的媒介，只有让幼儿这个主体与阅读材料这个客体积极"对话"，才能不断激发幼儿的阅读兴趣，体验阅读的乐趣。丰富适宜的阅读材料是培养幼儿阅读能力的前提和关键，在L村落幼儿园和幼儿家庭中，首先，幼儿读物的数量和种类都比较缺乏；其次，统一规定的参考书目是教师设计活动内容的主要来源，在内容设计上这些书脱离怒族幼儿实际生活，与其日常生活经验、熟知的自然环境、社会习俗和科技人文相距甚远。

2. 教学活动以抽象知识为主

斯宾塞曾说："在教育不过是局限获得书本知识这一常见的有局限性的见解之下，家长们过早的把认字课本往小家伙手里塞，结果危害极大。"② 即在幼儿心智尚未达到一定发育水平时，过早的识字教育违背了幼儿的发展规律，不利于其健康成长。访谈中还发现，幼儿园老师和"主日学"老师在谈到早期阅读教育时，都希望幼儿多认识汉字和拼音字母，会写自己的姓名和背诵古诗。在幼儿园早期阅读活动中，安排较多的识字活动，如开展拼音和汉字教学，布置汉字和拼音抄写的家庭作业。所考察的大部分L村怒族5~6岁幼儿家长的学历为小学或没有上过学，对他们来说阅读不是日常生活的必需品，没有意识到阅读对幼儿身心发展的重要意义。在他们看来，幼儿园发的课本即读本，把课本上的知识学好就行。而课本上的内容主要由老师教，家长的责任在于辅导幼儿家庭作业，以及协助幼儿完成老师布置的任务。

（四）阅读活动实施途径单一，教育主体间缺少合作

1. 以单一的教为主

在L村落幼儿园中，早期阅读教育还没有形成一个较为完整的体系。教师

---

① 林崇德. 发展心理学［M］. 浙江：浙江教育出版社，2002：104.
② 刘晓东. 儿童教育新论［M］. 南京：江苏教育出版社，2008：339.

对早期阅读教育的认识局限于识字教育，包括认读和书写拼音、简单的汉字和自己的名字。分析集体教学活动，早期阅读教学组织形式单一，带读、讲授、提问、示范是教师最常用的方法，提问以"是不是""对不对"等封闭性问题为主。活动组织先由教师朗读一遍，结合图画内容提问，主要采用"教师问，幼儿答"的模式，"一问一答"贯穿于整个活动，虽然提问法能与幼儿互动，激发其阅读兴趣，但长期使用一种方法，以封闭性问题为主，忽略了幼儿主动表达的话语权和阅读活动的互动性。活动过程中师幼互动以"教师—全体幼儿"的模式为主，以教师的"教"为主导，幼儿主动提问次数极少。以儿歌《贺年卡片儿》活动为例，整个活动开展了 20 分钟，第一部分先由教师教幼儿认读"儿"字，然后开始念儿歌，一共用了 10 分钟，这期间都是以教师单向指导为主，幼儿被动学习、接受。第二部分由幼儿自己制作贺卡，除去老师讲解注意事项，操作时间仅有 8 分钟。

2. 幼儿园、家庭、社区合作不够

"儿童阅读能力的培养应该从出生开始，这不仅是教师、家长的工作，而且是整个社会的责任，需要教育部门、医疗保健机构和社会工作等方方面面协调推动。换言之，早期阅读教育是一项社会系统工程。"[1]《儿童与家庭阅读》报告显示，"抛开儿童个体因素，影响儿童阅读的环境因素包括家庭、学校和社会"[2]。考察发现，怒族 5～6 岁幼儿阅读能力培养过程中，幼儿园、社区"主日学"和幼儿家庭相分离，存在合作不够的现象。首先，早期阅读读物的匮乏与闲置。"主日学"活动室拥有一百多册儿童读物和光盘、电脑、投影仪等硬件设备，处于闲置状态。而在幼儿园和家庭中，幼儿读物匮乏是早期阅读教育的一个重要阻碍，三者之间缺乏资源共享。其次，幼儿园老师、"主日学"老师和家长三个教育主体之间缺乏交流与合作。随着幼儿园等制度化教育机构的出现，使得家长将教化子女的责任推向幼儿园和社会，家庭固有的教育职能正在弱化。形成了一种孩子去幼儿园由教师负责，放学回家由家长负责，周末参加"主日学"由"主日学"老师负责的观点，从而不利于孩子的整体

① 周兢. 早期阅读发展与教育研究 [M]. 北京：教育科学出版社，2014：7.
② 史瑾. 儿童早期阅读国际发展趋势研究——基于美、英、澳、印 2006～2015 年儿童与家庭阅读调查数据分析 [J]. 出版发行研究，2017（5）：73-77.

成长。最后，课程内容相分离。"主日学"活动以赞美舞、赞美诗为主，幼儿园则以知识性内容为主，两者设置的课程内容处于分离状态，幼儿园、家庭、社区三者之间合作力度不够，影响了幼儿阅读能力的培养。

三、怒族5~6岁幼儿早期阅读能力培养的实践路径

（一）幼儿园、家庭和社区联动培养幼儿早期阅读能力，实现早期阅读教育内源发展

个体作为一种文化存在，首先必须是社会的存在。人不可能脱离社会、脱离他生长的社会群体而独立成长。"幼儿园、家庭和社区是幼儿发展中影响最大、最直接的微观环境，儿童教育必须从这种特定的环境中所经历的活动、承担的角色及建立的人际关系出发，协调相关社会群体的力量，共同促进儿童发展。"① 作为"直过民族"，怒族本土的儿童教养活动至今还保留着某些原生性，原生教育在时空上与本土族群的生活融为一体，其最初的形态是自组织的，是自成生境的。这一自组织的儿童教育生态系统有其自身的生态因子和构件，必会遵循一定的运作机制来维系其完整性和稳定性。由于时空限制，现代幼儿园教育在传承怒族传统文化、传授生产生活技能等方面不可能面面俱到，也不可能完全被代替。而原生的教育形态在传播文化、传授技能方面仍发挥着作用，两者都有存在的必然性和必要性。

少数民族早期阅读教育的对象是在民族文化环境中出生成长的幼儿，其价值观念、思维方式、语言习惯、知识结构无不受其民族文化背景的影响。个体总是带着他先前的教育经验进入教育情境，并将带着现在的教育经验进入以后的教育情境，在开展幼儿早期阅读能力培养活动时需统整家庭、幼儿园、社区的资源，充分发挥各种教育形式的优势。为了更好地培养幼儿早期阅读能力，第一，支持和发展存在于社区与家庭的原生教育形态，使之与现代幼儿园优势互补，相融共生，为怒族幼儿创设和谐共生的教育生境。在早期阅读能力培养

---

① 教育部基础教育司. 幼儿园教育指导纲要（试行）解读 [M]. 南京：江苏教育出版社，2002：74.

过程中,"打破双方'不相往来'的观念,既不要被'现代化'冲击掉优秀的民族传统,也不要保守拒斥现代化和现代学校教育"①。第二,了解幼儿园、家庭和社区三方合作的价值,树立正确的合作观。考察发现,三方对合作的认识并不充分,没有理解合作能使三方共赢,因此,应加大宣传力度,通过培训、讲座、讨论等形式,促使教师、家长、村民了解合作的真正意义。同时,"鼓励农村幼儿园与社区进行互动,在资源共享、文化融合、沟通交流过程中都有所收获,在实践、探索过程中体会双方互动的价值,从而不断改变原来落后的观念,为双方互动提供内在动力"②。第三,建立合作机制是三方合作的保障,"针对农村地区制定各项专门的规章制度,规范农村幼儿园与社区各自享有的权利和应尽的义务,把幼儿园与社区互动的良性发展目标列入社区和幼儿园发展规划之中,由此实现幼儿园与社区互动的制度化和规范化"③。第四,幼儿园应将社区看成一个更广阔的教育背景,欢迎和接纳关心教育质量的社区成员,合理运用适宜的社区资源,共同承担幼儿的养育和教育责任。幼儿教育只有真正融入社会大系统,幼儿园、社区、家庭才能组成"教育社会",实现幼儿整体成长。三者只有看到彼此间的关联,理解各自的角色和相互关系,积极建立早期阅读教育良性互动系统,才能真正实现幼儿阅读能力的培养。在阅读能力培养过程中,善于发现和利用社区中一切合适的现有资源,幼儿家长、社区主要力量是重要的教育资源,将"请进来"和"走出去"相结合,联动培养幼儿早期阅读能力。

(二) 提供支持性的阅读环境,培养幼儿阅读兴趣和阅读习惯

幼儿早期阅读能力的培养不是一蹴而就的,而是在长期的阅读氛围中逐渐形成的。首先,安排固定的阅读时间和空间是培养幼儿早期阅读能力的前提与保障,确保幼儿拥有充足、固定的集体阅读时间,同时提供充足的自主阅读时间,延伸幼儿阅读愿望。其次,提供舒适、安静、有序、固定的阅读空间。在幼儿园、家庭和社区都应创设开放、有吸引力、光照条件好、大小适宜的阅读

---

① 陈荟,孙振东. 民族地区多种教育形态共生理论研究 [J]. 民族教育研究,2015 (4):5-10.
② 张泽东,任晓玲. 农村幼儿园与社区互动的价值及其存在问题与解决策略 [J]. 学前教育研究,2017 (9) 25-33.
③ 范国睿. 学校管理的理论与实务 [M]. 上海:华东师范大学出版社,2003:78-79.

角，配备相关的材料，如桌椅、地垫、图书、文具等。再次，创设有实际意义的文字环境，有利于引发幼儿自主阅读动机，"为幼儿提供自由自在、丰富有趣的早期读写环境，让他们饶有兴趣地接触图书和文字，逐渐形成对文字的兴趣和阅读动机，学习阅读的技能"①。教室是为幼儿营造有实际意义文字环境的最佳空间和场所，教室中丰富的文字环境能为幼儿提供有益刺激，激发兴趣，进而积极探索其包含的意义，在不知不觉中使幼儿获得有益的读写经验。同时所提供的文字环境必须是有意义的，否则久而久之将会变成视而不见的装饰。有意义的文字环境应该符合幼儿的认知经验，并且和当时的活动有关。比如在幼儿周围重要事物上张贴显著的文字标签，引导幼儿观察账单、说明书、签到、日期等，通过让幼儿观察不同的印刷品，提高幼儿对汉字的敏感性。教师应积极使用所创设的文字环境，引导幼儿注意其所传递的意义。最后，"个体生涯的早期文化适应是促进本民族文化稳定的重要机制，是文化传统对个体作用的关键一环"②。培养幼儿早期阅读能力，要以适宜丰富的阅读材料为依托。"少数民族生活在不同的经济文化类型中，形成了与自身生存环境非常协调的生活方式，这种生活方式是人类的知识体系，我们应挖掘、善用地方性知识，让这些地方性知识进入学校。"③ 对母语不是汉语的少数民族幼儿来说，在学习汉语阅读时，某种程度上会遇到阻碍，特别是在幼儿尚未熟练掌握汉语口语时，直接开始用汉语教学会使幼儿无从接受。因此，培养幼儿早期阅读能力，应关注文化差异和语言学差异，调动当地力量，挖掘本土知识，选择源于幼儿生活，幼儿力所能及又指向发展的内容，编写适宜的读物。

（三）运用多元方法，从整体上提高幼儿阅读能力

阅读本身是一个复杂的认知过程，阅读活动是阅读者借助视觉器官，运用已有的认知经验，了解文字符号所表达内容的一种心理特征。幼儿喜欢重复阅读故事，阅读中熟悉的体验是安心舒服的，除了由熟悉带来的愉悦之外，循环式阅读还可以发展有关的文字、词组和书籍概念，加深对故事的理解。由于幼

---

① 周兢. 早期阅读发展与教育研究 [M]. 北京：教育科学出版社，2007：148.

② 冯俊增. 教育人类学 [M]. 南京：江苏教育出版社，1991：199.

③ 滕星. 书斋与田野：滕星教育人类学访谈录（第3辑）[M]. 北京：民族出版社，2010：110.

儿较多是通过观察图画内容，结合已有经验建构对故事的理解，重复阅读使其在注意细节方面优于成人。因此，在早期阅读活动中，应与幼儿一起捕捉细节，例如故事角色的表情、动作等，促进幼儿对画面的理解。当幼儿发现画面细节时，成人应给予积极反馈，在对话中，提高幼儿的语言表达能力。根据预测、改编、续编绘本故事，编写自己的故事。在提高幼儿阅读兴趣的同时，加深幼儿对绘本内容的理解，熟悉绘本的主要构成要素。

同时，汉字是当今世界上仅存的形、音、义相结合的语素文字。"汉字多元化教育不仅把汉字视为汉语言符号系统，更把它看作中国文化的载体和深深根植于中国文化血脉之中的基因，利用汉字多维教育资源，通过图画（实物、实景）、古汉字、今汉字形态结构的比较和分析，汉字构字理据的揭示，汉字书法艺术的欣赏等途径和方法，促进幼儿发展。"① 汉字源于图画或实物，幼儿学习汉字，通过图画、实物到古汉字，再到今汉字，书法逐渐抽象的认知过程，符合幼儿从具象到抽象的认知发展规律。在早期阅读活动中，利用多元方式引导幼儿认识汉字，将字音、字形、字义多重编码兼用，挖掘汉字文化内涵。幼儿有时在相关情景中能使用文字符号，但并不能说明在没有具体练习的情况下，他们能正确掌握并使用。如幼儿自主阅读绘本《蚂蚁和西瓜》时，出现"人类、激动、兴奋"等词语，但缺乏对词义的准确认知。因此可以通过"帮汉字找朋友""汉字配对"等游戏，挖掘其娱乐功能，设计游戏环节，提高幼儿参与的积极性。帮助幼儿感知文字符号，建立对汉字符号的正确认知。在游戏中将汉字的认知特点与规律相结合，引导幼儿形象化掌握汉字，而不是机械、乏味地读写汉字。

参 考 文 献

［1］［德］多纳塔·艾申波茜著，赵远红译. 童年清单［M］. 北京：北京出版社，2017.

［2］孙亚娟. 儿童养育习俗及其研究价值的教育人类学分析［J］. 陕西学前师范学院学报，2016，32（7）：6-10.

［3］云南省人民政府办公厅. 云南省人民政府关于加快发展民族教育的

① 李静. 幼儿汉字多元化教育研究［D］. 重庆：西南师范大学，2005：10.

实施意见 . 2016 - 12 - 21.

[4] 李现平 . 中国教育改革的辩证思考 [J]. 北京大学教育评论，2006 (1)：8 - 18.

[5] 李姗泽，孙亚娟 . 怒族聚居区学前儿童低入园率的归因分析——基于 "文化—生态理论" 的本土案例阐释 [J]. 学前教育研究，2016 (9)：3 - 13.

[6] 教育部基础教育司组织编写 . 幼儿园教育指导纲要（试行）[M]. 南京：江苏教育出版社，2002：36.

[7] 林崇德 . 发展心理学 [M]. 浙江：浙江教育出版社，2002.

[8] 刘晓东 . 儿童教育新论 [M]. 南京：江苏教育出版社，2008.

[9] 周兢 . 早期阅读发展与教育研究 [M]. 北京：教育科学出版社，2014.

[10] 史瑾 . 儿童早期阅读国际发展趋势研究——基于美、英、澳、印 2006—2015 年儿童与家庭阅读调查数据分析 [J]. 出版发行研究，2017 (5)：73 - 77.

[11] 教育部基础教育司 . 幼儿园教育指导纲要（试行）解读 [M]. 南京：江苏教育出版社，2002.

[12] 陈荟，孙振东 . 民族地区多种教育形态共生理论研究 [J]. 民族教育研究，2015 (4)：5 - 10.

[13] 张泽东，任晓玲 . 农村幼儿园与社区互动的价值及其存在问题与解决策略 [J]. 学前教育研究，2017 (9) 25 - 33.

[14] 范国睿 . 学校管理的理论与实务 [M]. 上海：华东师范大学出版社，2003.

[15] 周兢 . 早期阅读发展与教育研究 [M]. 北京：教育科学出版社，2007.

[16] 冯俊增 . 教育人类学 [M]. 南京：江苏教育出版社，1991.

[17] 滕星 . 书斋与田野：滕星教育人类学访谈录（第 3 辑）[M]. 北京：民族出版社，2010.

[18] 李静 . 幼儿汉字多元化教育研究 [D]. 重庆：西南师范大学，2005：10.

新时代民族文化进校园的
内涵与路径研究

陈晓琪　王　瑜*

摘　要：基于习近平总书记在建党95周年关于文化自信的新阐释以及党的十九大报告中关于中国特色社会主义文化的新论述，提出新时代民族文化进校园的三种文化内涵，即培养乡土情怀、增强民族认同的少数民族优秀传统文化；培养爱国理性、增强国家认同的中华民族近代革命文化；培养国际视野、增强全球认同的世界各民族先进文化。这三种民族文化进校园的教育目的与内容并非相互孤立的存在，而是围绕"中华民族共同体意识"培养的三个层面构建一个相互关联、层次分明、系统发展的教育体系。

关键词：新时代；民族文化进校园；文化内涵

一个民族的文化是该民族成员在漫长的生产活动变迁中产生、传承和发展的价值信念、语言文字以及行为习惯，具有多样性、民俗性、凝聚性、独特性、交互性、变迁性的特点（田联刚、赵鹏，2015）。这些特性自然就决定了民族文化的传承与发展是一个多样的、交互的、变迁的动态生成过程，是在外部环境的变迁进程中本民族原有文化不断与他族文化进行交流、碰撞、吸纳和创新的进化过程。民族文化进校园这一教育活动的实质正是在国家主流意识形

---

*　陈晓琪，广西民族大学教育科学学院硕士研究生。研究方向：民族教育。王瑜，广西民族大学教育科学学院副院长、副教授、硕士生导师。研究方向：民族教育。

态主导下有目的地通过专门的教育政策、机制及教学活动指导和促进各族多元文化的自觉性整合，是增进民族认同、促进民族团结、推进民族文化传承的有效路径。然而，民族文化在实践中往往被简单理解为"少数民族传统文化"，并被视为一种静态悬置于历史空间中某一特殊群体的独特存在。这就造成了在民族文化进校园的教育实践中，容易产生国家主流文化的现代性与少数民族文化的传统性之间的矛盾，进而陷入国家意识、民族情感与学科知识相互孤立的发展困境，以及各地区学校呈现出民族特色"千校一面"的尴尬局面。事实上，民族文化进校园、进教材、进课堂等活动并非民族团结教育或民族教育所特有的、独立的教育活动，其应该是我国普通国民教育整体中重要的组成部分。该活动的目的并非单纯地针对少数民族学生传递少数民族知识或是培养民族情感，而是要激发每一个中华民族个体对国家与民族的热爱和归属。这种根植于每一位个体血脉中的质朴情感源自对国家的归属、对家乡的眷恋和对家人的依恋，必须通过"中华民族共同体"这一核心意识枢纽，将本民族的语言文字、历史传统、风俗信仰等民族文化要素与国家核心价值、学科知识技能进行教育融合，才能在民族文化与乡土情感的相互交融中逐渐养成和激发对中华民族命运共同体的文化自信及民族自豪感。

另外，党的十八大以来，习近平同志多次提出："中国的自信，本质上是文化自信。文化自信，是更基础、更广泛、更深厚的自信。在五千多年文明发展中孕育的中华优秀传统文化，在党和人民伟大斗争中孕育的革命文化和社会主义先进文化，积淀着中华民族最深层的精神追求，代表着中华民族独特的精神标识。"① 这里所提到的文化自信是中华民族文化的自信，是对中华民族历史传统、风俗习惯、价值信仰等方面的高度认同与深切体验，其具体包括传统文化积淀的自信、近代文化认同的自信以及现代文化交融的自信三方面内容。其中，对传统文化积淀的自信是指对中华民族五千多年传统优秀文化的继承与发扬；对近代文化认同的自信是指近代以来在中国共产党的领导下，人民革命过程中革命传统和精神的坚守与发扬；对现代文化交融的自信是全球化背景下面向现代化、面向世界、面向未来的当代中国文化共同体的建构与发展。为

---

① 习近平谈文化自信 [EB/OL]. http://paper.people.com.cn/rmrbhwb/html/2016 - 07/13/content_1694983.htm, 2018 - 08 - 14.

此，从"中华民族共同体"这一概念出发，遵从动态的历史生成逻辑文化观，民族文化可以拓展为少数民族优秀传统文化、中华民族近代革命文化以及世界各族先进文化等更能适应现代社会历史发展内在要求的新文化内涵。在此基础上，可以在中国特色社会主义文化共同体的三种文化诠释中重新认识和思考新时代民族文化进校园的文化内涵，即培养乡土情怀、增强民族认同的少数民族优秀传统文化进校园；培养爱国理性、增强国家认同的中华民族近代革命文化进校园；培养国际视野、增强全球认同的世界各族先进文化进校园。

一、培养乡土情怀、增强民族认同的少数民族优秀传统文化进校园

文化是一个民族的灵魂，是一个民族精神特质的历史沉淀。而中华优秀传统文化则是中华民族最深厚的精神积淀，也是中华文化蕴意盎然、历久弥新的坚实基础，其为文化自信提供了源头活水。从党的十八大报告"建设社会主义文化强国"到党的十九大报告"推动中华优秀传统文化创造性转化、创新性发展"，我国政府高度重视中华优秀传统文化的传承与创新，将其作为建构文化自信的首要条件。其中，作为中华文化不可或缺的重要内容，各少数民族优秀传统文化在各民族漫长的历史发展与交往中不断相互影响、交融吸收，呈现出各族文化稳定、独立且基本价值交互、共通的特征，共同参与中华民族优秀文化体系的建构与发展（孙舒景、吴倬，2015）。正如费孝通先生提出我国各民族的"多元一体格局"是中华民族在长期历史发展过程中集聚而成的，其凝聚了多样化的少数民族文化。中华民族与少数民族及其两者的传统文化是一体与多元、整体与局部的关系，它们相互作用，和谐共生。可以说，传承发展少数民族优秀传统文化，是弘扬中华优秀传统文化的重要路径，也是建构文化自信的应然之道。基于此，我国政府从中央到地方制定和颁布了一系列保护、传承和弘扬少数民族优秀传统文化的政策。2009 年国务院颁布的《关于进一步繁荣发展少数民族文化事业的若干意见》明确提出："尊重、继承和弘扬少数民族优秀传统文化。加强宣传引导，营造尊重和弘扬少数民族优秀传统文化的社会氛围……不断开辟传承和弘扬少数民族优秀传统文化的有效途径，推进和谐文化和中华民族共有精神家园建设。"

与此同时，文化的传承必须通过文化知识的学习与实践才能实现，而学校

作为一个"聚汇、传递文化的高级文化体"（冯增俊，1998），势必要肩负起传承中华优秀传统文化的使命。一直以来，我国少数民族传统文化的主要传承场所一直在村落，而村落学校长期发挥着将主流文化与地方民族文化进行融合、传承的教育功能。然而，由于地区产业转型发展带来的村落空巢化以及大批村落学子离土离乡寄宿于城镇学校，使得乡村的民族传统文化传承者不断流失、缺场，各类民族传统仪式活动不得不中断，民族地域文化与民族传统文化的价值主体性面临着被不断剥离的困境（王瑜、郭蒙蒙，2017）。在如此社会转型的时代背景下，少数民族优秀传统文化进校园应是在中华民族文化的整体价值认同框架中，着重培养学生的乡土情怀，增强学生对本民族及本族文化的理解与认同。一方面，民族文化的根本内涵在于各民族所特有的族群心理模式、精神体系和世界观、价值观。某种程度上民族文化传承发展就是该民族认同心理的传承发展。民族认同心理是认同主体的民族心理模式与民族精神价值的总体构成，也是民族文化的一种体现。因而少数民族传统文化的传承过程就是一个民族文化认同不断提升的过程，其既是民族认同的具体表现又是民族认同的最终结果。另一方面，对于少数民族个体来说，对本民族的认同起源于其生长的原生环境，源自于其所受本民族文化熏泽的、耳濡目染的乡土社会。乡土社会的存在是民族认同与归属感不断生长的根基。"从基层上看去，中国社会是乡土性的。乡土社会在地方性的限制下成了生于斯、死于斯的社会。"①在这种乡土社会场域的文化浸润下，个体心灵得以洗涤，个体情感得到最大限度的寄托。为此，将民族优秀传统文化融入教育，正是要在乡土环境和教育活动中潜移默化地将民族情感与家国情怀相互联结，使学生能"自然"且"自发"地产生对家人和家乡的眷恋及对国家的归属。

为此，在民族文化进校园的教育实践中，学校应注重加强少数民族学生对优秀传统文化的认识，促进文化认同。文化自信建立在文化自觉的基础之上，而文化自觉本质上是对文化价值的觉悟、觉醒，其必须以对本民族文化的认识、理解、认同为基础。现实中，由于受"知识中心主义"的影响，学校教育传承民族文化的方法具有"灌输"和"成人化"的倾向，与儿童实际生活相脱离，使其对民族文化传承教育产生厌学情绪，制约学校教育中民族文化传

---

① 费孝通. 乡土中国 [M]. 北京：北京出版社，2011：1, 7.

承的质量（曹能秀、王凌，2009）。因此，要增强学生的民族文化认识与认同，绝不能采取单纯的知识传递或价值灌输等方式，或是简单地、零散地将一些民族传统要素静态陈列在博物馆中、文化长廊中或是特定表演活动中，而是须通过形式多样的交流互动逐渐与主流文化、学科知识进行互融。教师可以借助物质文化资源（如当地特色饮食、手工制品、农作物加工器物等）和精神文化资源（如英雄人物、民间神话故事等以及制度资源，如民族风俗传统等），通过生动活泼的语言、肢体动作，摆事实，讲道理，真正使民族优秀传统文化融进每个学生心中。此外，也应认识到学校教育本身的局限性及学校教育在传承民族文化方面的时空制约，借助外部力量强化民族文化传承环境熏陶，充分利用家庭教育与社区教育的优势，聘请民族优秀文化传承人、学生家长进校传授相关内容，通过讲故事、知识技能传授等方式丰富学生对民族传统文化的认知，从而使各族学生都能明晰本族文化、各族文化以及中华民族文化之间的关系与地位，使其在心理上产生对乡土社会的需要与尊重，对本民族优秀传统文化产生自觉意识与自豪感。

二、培养爱国理性，增强国家认同的中华民族近代革命文化进校园

革命文化是中国共产党和中国各族人民在伟大斗争中孕育的，在中国新民主主义革命特殊历史时期形成的精神追求、精神品格、精神力量，是中华民族最为独特的精神标识（雷家军，2009）。革命文化蕴含着丰富的时代创新精神和厚重的历史文化内涵，它既传承了传统文化勇于变革的精神，又开启了社会主义先进文化善于创新的发展道路，起到了承上启下、融合创新的时代作用（刘松，2018）。其是马克思主义的价值本质，也是中国共产党人实践升华的产物，更是新时代文化建构的关键环节，与社会主义先进文化共同构成文化自信的核心。从井冈山精神、延安精神、西柏坡精神到大庆精神、"两弹一星"精神，再到航天精神、北京奥运精神，中华各族人民根据革命斗争具体目标、任务的需要，在不同的社会历史条件和区域本土文化土壤中，培育生成了这些富有时代特征、民族特色的精神财富与智慧结晶（韦朝烈，2016）。从中华民族共同体意识出发，中华民族革命的伟大胜利是各民族以及各民族地区共同努力奋斗的结果，少数民族革命文化理应是中华民族革命文化的重要组成部分，

为中华民族多元一体的革命文化自信注入了更加丰富的内涵。例如，抗战时期东北三省以汉、朝鲜、满、赫哲、鄂伦春、达斡尔、白、蒙古等各族人民为主体，奋起抗敌的抗联革命文化；解放战争时期在辽沈战役中建功的内蒙古骑兵师、第二次国民革命战争时期以广西百色起义为核心的革命文化等。可以说，中华民族近代革命文化既饱含着所有中国共产党人共同的理想信念与革命精神，又体现了其在不同历史时期、不同地区社会变迁中的地域差异性与民族特殊性。这些蕴含了近代政治变迁与社会矛盾的斗争性元素驱使着中华民族文化在各族地区改革与建设中不断丰富、发展与完善，并成为铸牢中华民族共同体意识和实现文化自信的重要支撑。

另外，我国"大杂居、小聚居"的民族分布背景决定了少数民族在生产生活中往往会与同一地区的其他民族或不同地区的同一民族在政治地位、经济水平与文化发展方面进行参照对比，并根据这种差异进行自我意识、民族身份以及国家归属方面的价值定位。受到历史发展、地域环境等多方因素的影响，部分民族地区与国家政治文化中心、经济发达地区仍存在较大的发展差异，这些差异容易强化少数民族的民族自我意识，增大其在国家认同与民族认同之间的张力，进而可能导致部分少数民族在中华民族认同和国家核心价值认同方面出现一定程度的错位或不到位。当前的学校教育实践中普遍存在民族传统文化传承与爱国主义教育齐头并进的现象，这就容易加剧学生在文化认同上存在传统性与现代性的矛盾，进而对自身民族身份与国家身份的认知产生混乱甚至冲突。理性的民族主义与爱国主义应是解放和创新的，其表现出对现有国家政权的支持和维护；而非理性的民族主义与爱国主义则是狭隘和破坏的，其体现为对现有国家政权的反对和伤害（张建军、李乐，2013）。民族文化传承必须与爱国主义教育有机结合作为一个整体去实施与推进。而我国近代革命文化中蕴含着中国共产党人最优秀的革命精神、革命道德、革命思想，这无疑是增强各族同胞中华文化认同的基础内容。从这个意义上看，推动中华民族近代革命文化进校园不仅能更好地实现少数民族优秀传统文化的传承与发展，更能系统地将本土的民族传统文化与当地革命文化进行有机结合，让学生能对国家、民族和家乡的文化变迁脉络与价值演进过程进行辩证的认识及理解。反之，若是片面地强化或忽视任何一方面，或是简单地将这两方面内容进行并行叠加，学生很容易会对自身进而有可能会在西方话语中的"民主""自由"等价值口号中陷入极端民族主义或历史虚无主义的意识陷阱。

为此，在民族文化进校园的教育实践中，学校应聚焦"中华民族共同体"这一核心意识枢纽，通过对革命歌曲、革命事迹、英雄故事等多种当地革命文化资源的挖掘与利用，让学生在革命文化的历史生成逻辑中逐渐认识和理解当前社会主义核心价值观与本民族优秀文化传统之间的辩证关系及发展脉络，进而形成一致的文化认同、政治认同以及国家认同。可以说，少数民族革命文化进校园遵循的是"民族认同→国家认同→爱国理性"这一发展主线，其本质即为在对少数民族传统文化的民族认同基础之上，通过各种方式的教学活动传递革命文化核心价值理念，进而在增进国家认同的基础上培养爱国理性，最终达到民族认同与国家认同相一致的结果。具体而言，学校在教学实践中应根据不同年龄阶段学生的认知特点以及不同民族地区的文化环境，结合学生熟知的本民族文化传统与生活内容，在民族乡土文化认知基础上逐渐延伸至当地的革命文化。例如，在革命人物的学习过程中可采取喜闻乐见的形式，通过本民族英雄人物的事迹学习增强学生对革命英雄人物、革命故事学习的兴趣。在课程设置上，学校可以尝试将革命文化与思想政治教育进行一定的结合，这既有利于推动革命文化的传播利用，又能极大地拓展思想政治课堂的教学内容，使其成为革命文化传承课堂教学的主渠道。在方式方法上，同样可结合家庭教育与社区教育，号召家长参与革命文化传承活动，利用家庭教育的感染作用，在"亲""子"共同参与学习中了解民族传统文化知识的同时，也了解革命先烈事迹及其伟大的革命精神，丰富学生的知识、情感结构，使革命文化真正成为沟通民族认同与国家认同的桥梁，成为学生民族文化自信的重要文化枢纽。

三、培养国际视野，增强全球认同的世界各民族先进文化进校园

"苟日新，日日新，又日新。"作为一个不断变化的时代性和过程性概念，民族文化的传承或保护都是在创新与发展中动态实现的，只有符合主流意识需要与适应社会时代要求的优秀文化才能在历史更迭中生存。我国在全球化背景下以开放的视野、包容的心态与世界各国进行文化交流，主动吸纳与融合外来先进文化，形成独具特色的社会主义先进文化。所谓先进文化，是相对于落后文化而言的。具体来讲，凡是能反映和促进社会进步的文化，就是先进文化

（刘林元，2003）。当代中国的先进文化就是以马克思主义为指导，以培育有理想、有道德、有文化、有纪律的公民为目标，发展面向现代化、面向世界、面向未来的民主的、科学的、大众的社会主义文化（张春美，2018）。它不断地超越过去在地域、风俗、语言上的界限，将不同地域、不同历史背景、不同语言的人群联结在一个民族共同体中，既增强民族凝聚力又振奋民族精神（刘林元，2003）。这里所指的民族共同体是融血缘、地缘与精神为一体的文化共同体，是中华各民族、港澳台同胞、世界各地华人在共同的历史渊源、共同的现实利益以及共同的未来愿景下，在相互交往中共分担，共进退，将自身命运与中华民族命运紧密相连，共同构成"你中有我，我中有你"的中华民族命运共同体（王鉴，2018）。在此基础上，中华民族与世界各族人民共同推动人类命运共同体建设，形成全球共生的人类命运共同体。为此，在命运共融的新时代中，民族文化的传承、发展与传播并非局限于本民族的优秀传统文化和革命文化，而应是不断借鉴、吸收西方文化全球治理思想以及世界各民族先进文化，在相互吸纳发展中形成社会主义核心价值观，根植中华优秀传统文化与中国共产党革命文化，适应现代社会历史发展内在要求的先进文化范式。

另外，在全球化、信息化背景下，任何国家或族群的文化都无法孤立在某一区域或群体内部实现自行发展，世界的文化多样性已成为不争的历史事实与发展趋向。如何减缓文化间的摩擦与冲突并促进个体间多样文化的认同与整合也因此成为各国教育的重要任务。这种认同不会局限于传统的种族边界或国家边界中，而是一种逐渐走向对整个人类文化、全球公民的共同体身份的认同。这意味着全球化背景下的中华民族成员不仅需要具备生存于现代社会的基本知识技能或思想政治素养，也需要具备对多样性文化知识进行跨文化理解与创新的能力。这就要求我国的民族教育不仅要具有传承中华民族优秀传统文化和近代革命文化的功能，更应担负着在与世界各族文化交流中不断创新和传播社会主义先进文化的使命。其中，中华优秀传统文化积淀着中华民族的根本精神基因与追求，并在中国共产党革命文化的理想信念与精神追求影响中以及社会主义精神文明建设与改革中不断重构；中华民族近代革命文化作为中华各族人民在革命时期的文化样态，是中国传统文化的超越性继承与发扬；而社会主义先进文化更是代表着中国共产党团结带领中华各族人民在全球化浪潮中开拓进取、锐意改革，不断改变中华民族文化面貌和重塑中国文化形象的一种文化自觉。所谓文化自觉，是指在充分认识本族优秀文化和理解世界其他民族先进文化的过程中不断自主明晰本族文化的特色与位置，进而以社会主义核心价值观去规约和指导本族文化的创新发展（王瑜、刘妍，2014）。因此，民族文化进校园理念不仅要将民族优秀传统文化和革命文化进校园，还需要将世界各民族先进文化引入学校教育，培养学生从历史与现实的辩证逻辑中主动且客观地与不同来源的文化建立平等对话，并在相互差异的观点、视域中不断进行科学且理性的批判反思与自我改进，进而在多种文化与科技知识的交互中突破原有文化的思维局限，在庞大的各国文化资源中对中华民族文化与社会主义先进知识进行比较、迁移、融合与创新。

为此，在新时代民族文化进校园的教育实践中，民族文化应涵盖中华民族的优秀传统文化、近代革命文化以及社会主义先进文化。这三种民族文化进校园的教育目的与内容并非相互孤立地存在，而是围绕"中华民族共同体意识"培养的三个层面（王鉴，2018）构建一个相互关联、层次分明、系统发展的教育体系。从民族团结层面出发，中华民族共同体意识培养应根据中华民族多元一体的基本国情，以中国共产党革命文化为载体，以国家认同为核心，着重加强国家意识统领、培养爱国理性；从祖国统一层面出发，中华民族共同体意识培养应尊重我国海峡两岸暨香港、澳门的发展现实，以中华民族优秀传统文化为基础，以民族认同为纽带，着重加强民族文化传承、培养乡土情怀；从海外华人华侨层面出发，中华民族共同体意识培养应发挥海外侨胞的重要作用，以社会主义先进文化为平台，以全球认同为方向，着重加强先进文化传播、培养国际视野。少数民族地区学校是外来文化、少数民族文化二元角色的文化传递场（曹能秀、王凌，2007），在传承过程中需要充分发挥其二元角色的作用，在民族团结教育、爱国主义教育的基础上充分挖掘课程资源，有目的、有计划、有体系地渗透本民族文化、相邻民族文化、世界各民族文化，培养学生的跨文化交往、交流、学习能力。可以说，新时代民族文化进校园是一种能将民族团结教育、爱国主义教育、跨文化教育等几类教育整合在"中华民族共同体意识"培养的教育体系。所以该体系的建设与实施不能仅停留在民族文化长廊、民族博物馆、民族体育活动等物化载体上，更需要根据不同学生个体在认知水平与文化背景上的差异，将学科知识、爱国情怀、宪法精神等要素共同融入民族文化进校园、进教材、进课程活动建设中。值得注意的是，并非所有的民族文化都是优秀且适合进入校园的，需要用教育的尺度对这些文化进行选择、设计。而民族传统文化在学科课程、校园环境、活动仪式中的深度渗透以及在教材编订、教学设计等方面的融入更不是普通乡村学校能够独立承担的责任，其应该是政府、学校、研究机构以及博物馆等社会其他文化机构的共同责任。只有通过各机构的协同共享、各司其职，构建民族文化传承共同体，才能共同实现民族文化成果的研究、转换、传承、传播。

参考文献

［1］田联刚，赵鹏．多元共生和而不同——关于少数民族文化在中华文化格局中的地位思考［J］．中南民族大学学报（人文社会科学版），2015（1）：1-6.

［2］习近平谈文化自信［EB/OL］．http：//paper．people．com．cn/rmrbhwb/html/2016-07/13/content_1694983．htm，2018-8-14.

［3］孙舒景，吴倬．社会主义先进文化框架内少数民族优秀传统文化的当代价值［J］．青海社会科学，2015（3）：136-143.

［4］冯增俊．教育人类学［M］．南京：江苏教育出版社，1998.

［5］王瑜，郭蒙蒙．论广西边境地区基础教育发展的价值困境及路向思考［J］．民族教育研究，2017（6）：20-26.

［6］费孝通．乡土中国［M］．北京：北京出版社，2011.

［7］曹能秀，王凌．论民族文化传承与教育的关系［J］．云南民族大学学报（哲学社会科学版），2009，26（5）：137-141.

［8］雷家军．中国近现代革命文化基本问题研究［D］．长春：东北师范大学，2009.

［9］刘松．革命文化是文化自信的精神支柱［J］．山东社会科学，2018（2）：24-29.

［10］韦朝烈．坚定革命文化自信需要科学把握三个基本问题［J］．中共石家庄市委党校学报，2016（10）：8-12.

［11］张建军，李乐．论国家认同与爱国主义［J］．前沿，2013（7）：22-24.

［12］刘林元. 中国马克思主义的新境界［M］. 南京：南京大学出版社，2003.

［13］张春美. 社会主义先进文化是当代中国新文化［EB/OL］. http：//news. eastday. com/c/whzx/u1ai10906144. html，2018 – 8 – 20.

［14］刘林元. 中国马克思主义的新境界［M］. 南京：南京大学出版社，2003.

［15］王鉴. 中华民族共同体意识的内涵及其构建路径［J］. 中国民族教育，2018（4）：17 – 20.

［16］王瑜，刘妍. 论我国民族教育的文化内涵［J］. 贵州民族研究，2014（4）：153 – 156.

［17］曹能秀，王凌. 少数民族地区的学校教育和民族文化传承［J］. 云南师范大学学报（哲学社会科学版），2007（2）：64 – 68.

西南边疆民族地区乡村教师乡土文化自信提升研究

么加利　相　虹[*]

摘　要：乡土文化自信是乡村教师砥砺情操，扎根乡村教育的动力之源。在现代语境下，乡村教师的乡土文化自信日渐式微，表征为对其成业于斯的乡土文化价值缺乏充分的教育价值体认，对乡土文化的未来发展前景持迷惘甚至悲观的态度。究其根源有二：第一，现代性强势推进中乡土社会场域的坍塌；第二，乡村教育导向的异化。消解现代性危机以激活乡土文化的再造与再生、回归乡村教育本真功能、激发乡村教师在教育实践中乡土文化的运用是提升其乡土文化自信的当然之举。

关键词：乡村教师；乡土文化；文化自信

西南边疆跨广西、云南、西藏等省、自治区。壮、傣、藏、京、怒、独龙等十几个民族与越南、老挝、缅甸、印度等国比邻而居，形成绵延数千公里、文化多元复杂的文化带，成为我国"富国强边"的桥头堡之一。2018 年 2 月 4 日，《中共中央 国务院关于实施乡村振兴战略的意见》（以下简称《意见》）正式发布，对实施乡村振兴战略进行了全面部署。乡村振兴依托于乡村教育的

　＊ 么加利，西南大学西南民族教育与心理中心副主任，教育学部教育学院院长，教授、博士生导师。研究方向：教育哲学。相虹，西南大学西南民族教育与心理研究中心在读博士研究生。研究方向：民族教育，教育哲学。

振兴,《意见》明确指出"优先发展农村教育事业"①。在乡村学校硬件条件显著改善的今天,乡村教育振兴的关键在于一大批扎根乡村、奉献乡村的教师。实现这一目标固然需要各种外在条件的支持,提升乡村教师的乡土文化自信至关重要。本文旨在就西南边疆民族地区乡村教师乡土文化自信缺失的现实作出考察分析,以期对乡村教师乡土文化自信的提升略提浅见。

一、西南边疆民族地区乡村教师乡土文化自信价值审视

任何职业群体都依赖于对业成于斯的文化价值深度体认并源源不断地从中汲取物质与精神支持。乡村教师亦然,乡土文化是乡村教师职业生涯之根。只有乡土文化的价值与魅力得以彰显,进入乡村教师的精神世界并进一步升华为乡村教师的文化自信,乡村才会对其展现出特有的吸引力,形成其扎根乡村教育的强大信念支持并促成其特定教育能力的养成。

(一) 乡村教师乡土文化自信应有之义

提及乡村教师,人们的第一印象往往是工作在乡村学校的教师,甚至更进一步局限于传统意义上生于斯、长于斯的乡村"教书先生"。这些理解部分触及"乡村教师"的特质,却不能尽达"乡村教师"的应有之义。在城乡一体化、乡村城镇化、社会流动日渐加强的今天,对"乡村教师"的理解局限于其就职学校的物理地域上的空间或法律意义上的身份认定已不具备太大的意义,从乡土文化特性上理解"乡村教师"有其必然。第一,乡村教师教育实践的社会场域与乡土文化存在不可分割的联系;第二,乡村教师的教育对象群体为普受乡土文化浸润的"乡村孩子";第三,乡村教师的教育实践应充分汲取乡土文化以维系其教育特色与效率。本文所指涉的乡村教师是投身乡村教育、具有高度的乡土文化自信、依托乡土文化资源、在教育实践中充分关照乡村孩子独特精神世界的职业群体。据此,对"乡村教师"的理解不再拘泥于是否来自"本乡本土",是否应职于行政区划意义上的乡村学校等,如在城镇中各种"农民工子弟学校"的教师因教育对象及校园文化的乡土文化特性亦

---

① 中共中央 国务院关于实施乡村振兴战略的意见 [N]. 人民日报, 2018 – 02 – 05 (001).

指涉"乡村教师"。

明晰"乡土文化自信"除明晰自信的主体"乡村教师"外，尚需澄清"乡土文化"与"文化自信"等概念。首先，"乡土文化"。究"乡土"之本源，"'土'指的是土地、社、农业和守土意识，'乡'指的是群、故乡和具体的时空坐落"①。所以，"乡土"指扎根于"土地"并衍生而出的特定社会场域如"故乡""故土""家园"等。这种社会场域既有地理空间的指向，亦有文化空间的指向。时至今天，乡土社会正经历着现代化、新型城镇化转型。地理空间意义上的"乡土"重构过程正渐趋模糊，但是，文化意义上的"乡土"在历久弥新中依然得以延续。传统的乡土文化结构尤其是深层的乡土文化情愫仍然是一种客观现实。早在20世纪初，费孝通在《乡土中国》的开篇之处即明确指出："从基层上看去，中国社会是乡土性的。"② 在文化意义上，中国基层的"乡土社会"性质在今天仍是不争的事实并成为"乡土文化"存在的根本载体。本文的"乡土文化"指"乡土社会"这种特定的社会场域内，基于地缘、亲缘、业缘关系形成的乡村生活共同体的生活方式、关系模式和观念体系的总称，表现为各种地方性知识、技能、礼俗乃至信仰、价值观等。乡土文化是一个丰富的文化宝库，是乡土物质文化、制度文化、精神文化、行为文化等因素所组成的有机整体。在物质文化层面，乡土文化以物质实体的形式存在，如生态环境、传统民居、乡土景观、生产与生活器具等。在制度文化层面，乡土文化则表现为各种礼俗及习惯法等，如交往规则、禁忌规定、乡规民约等。在精神文化层面，乡土文化独有的文化特质凸显，如宗族观念、孝亲意识、信仰与审美等。行为文化层的乡土文化则呈现于人们的日常生活与生产活动中，如婚丧嫁娶、节日庆典等。如上文化要素作为重要的乡村教育资源，是提升乡村教师乡土文化自信的活水源头。

其次，"文化自信"。人们的文化自信究其本质是文化主体对特定文化的心理认同和情感归属。具体言之，文化自信包含以下含义：其一，充分把握文化发展的历史；其二，熟知文化基本内容；其三，对文化价值的深度体认；其

---

① 王铭铭，杨清媚. 费孝通与《乡土中国》[J]. 中南民族大学学报（人文社会科学版），2010（4）：1-6.

② 费孝通. 乡土中国 [M]. 北京：人民出版社，2008：1.

四，确信文化发展方向与可持续发展。基于对"乡土文化""文化自信"的如上分析，"乡土文化自信"可以被理解为文化主体对乡土文化，历经认知、情感体验、认同等系列心理活动过程，形成对其内承载的生活方式所持的自觉心理认同并进一步衍生为对乡土文化价值的充分肯定、对其生命力的坚定信念以及对其加以传承、利用的自觉行为。如生活中充分体认并践行"入乡而问禁，入境而随俗"即意味着对乡土文化的理解与尊重、对其价值合理性的认同，这其中即表现出相应的乡土文化自信。

理解"乡村教师乡土文化自信"必须充分关照乡村教师社会角色及其职业功能的特殊性。乡村教师相对于一般教师而言具有特殊性。他们生活与工作在乡村这一特殊文化场域之中，与乡村社会存在不可分割的关联。一旦切实进入此文化场域，他们就会受到习染，在其身上浸润为特定文化气息，甚至外化为可见的"乡土"形象乃至身份；他们面对的教育对象是根系乡村、土生土长的年青一代，其人生追求、审美旨趣、行为方式等无不打上乡村社会的印记。基于此，乡村教师乡土文化自信的表征为：第一，肯定乡土文化价值并使之成为展开教育工作的平台。乡土文化是数千年农耕华夏文明的历史积淀，是中华文化的根脉和生长延续的土壤。第二，切实融入乡土社会。这种融入表现有二：其一，身体的融入，表现为积极投入到乡村教育乃至相关的乡村建设之中，使自身成为乡村社会场域的真正一员；其二，心的融入，即具备深厚的乡土情感。乡情是乡土文化的特质之所在，它贯穿于乡村生活的方方面面，如农民对土地的深深依恋、家族成员血浓于水的亲情、守望相助的邻里之情。乡村教师作为乡村社会的一员，只有在乡村的工作与生活中逐渐形成对乡村教育、乡村教育对象稳定的情感体验与认同，乡村教师的乡土文化自信才会得以凸显。第三，自觉利用与传承乡土文化。乡土文化自信本质上是对乡土文化传承责任感与使命感的觉悟觉醒，是乡村教师在文化理性指导下个体主观能动性的充分发挥，应将其落实到乡村教师的教育实践之中，如教育时空优化、地方课程开发等。同时，其还体现为利用乡土文化从事教育的能力。

总之，乡土文化普遍存在于乡村社会场域的每个角落，贯穿于人们恬淡的生活之中并积淀出与现代城市文化迥然不同的文化旨趣，如温良、质朴、和谐等。具体言之，这些都构成乡村教育的支持性资源，是乡村教育生命力的活水源头。

（二）乡土文化自信是乡村教师投身乡村教育之根本

乡村教师专业化属于教师专业化范畴，既具有教师专业化的共性，又具有自身的特殊性。这种特殊性的重要维度即乡土性，其根源在于乡村教师生活工作在乡村这一文化场域之中，受到乡土文化的浸染，成为其知识文化素养的重要成分。另外，他们面对的教育对象是根系乡村，受乡土文化熏陶的乡村学生，具有质朴、率真等特点。基于乡土文化与此特殊教育对象形成深度的教育交往是乡村教师专业特质的重要标识。在社会流动日益加剧的今天，乡村学生亦呈现出新的特质，如留守儿童的大量出现。乡村教师只有具备特定的专业素质才能满足乡村学生的教育需求。这在客观上对乡村教师的专业化发展提出了特殊要求，他们除应具备一般教师的基本素养外，还应具备其他老师所没有的特殊知识、能力和素养，这些都有赖于乡村教师乡土文化自信的支撑。

从知识要素看，乡村教师作为教师群体中的特殊群体，应当具备从事乡村教育所要求的基本知识，如广泛的普通文化知识、精深的专业知识，教育学、心理学等教育学科知识。更为重要的是，除以上一般教师必备的知识外，乡村教师还应当具备关于乡村自然生态、生活习惯、风俗人情、乡规民约、禁忌规定等的乡土文化知识。以乡土文化的物质载体民居为例，羌族的碉楼、蒙古族的蒙古包、湘西的吊脚楼等是特定区域鲜明的乡土文化符号。墙壁厚实而窗户狭小的碉楼具有保暖防风和防野兽的作用、蒙古包是为了适应游牧生活中转场的需要、吊脚楼则是为应对"天无三日晴，地无三尺平"的地理环境。适应独特自然地理环境的民居蕴含着深厚的生活与生存智慧，是极为重要的教育资源。依托这些资源进行教学既能引起学生的学习兴趣，又能激发学生的乡土情感。乡村教师只有对乡土文化保持高度自信与自觉，才能从内心真正认同并内化乡土文化知识，真正使其从事的教育工作融入乡村生活、理解乡村学生的精神世界，表现出高度的专业化。

二、西南边疆民族地区乡村教师乡土文化自信缺失的现实关照

乡村教师作为生活在乡村这一文化场域中的特殊群体，其乡土文化自信主要表征为肯定乡土文化价值、认同乡土教师这一特定的职业身份、具备深厚的

乡土情感以及乡土文化利用与传承的自觉。以此为参照，当前乡村教师乡土文化自信缺失表征如下。

（一）西南边疆民族地区乡土社会边缘化和乡土文化虚化

在通往现代化的路途上，乡村社会处于劣势和被动地位，且这种劣势和被动正在一步步扩大。正因如此，在整个社会现代化的过程中，乡村不可避免地被边缘化，最直接表现是经济发展边缘化，即农村社会的经济形势继续充当城市的补充，以供应廉价劳动力与农产品为主导。

乡土社会的文化内涵在以发展为中心的现代化框架中被隐匿。以城市取向为中心的外来文化的冲击使得原来的乡土文化秩序土崩瓦解，民歌、民间故事、民间曲艺逐渐从乡村消失甚至绝迹，代际间的乡村文化交流已经完全让位于对以金钱为中心的拜物教文化的崇拜，乡土社会的独特性已经或者正在全然丧失。乡村其实越来越多地成了一个地域的概念，成了一个没有实质内涵，或者缺少文化内涵的空洞符号，作为文化—生命内涵的乡村已经终结，乡村社会成为文化的看客，不再具有自我文化生长与更新的能力与机制。

（二）西南边疆民族地区学校教育中乡土文化的失语

边疆民族地区学校教育无论是从语言环境还是从自然环境来看，都与主流社会的环境相距甚远。这在某种意义上意味着现代学校教育体制无形中阻碍了民族学生群体学习传统语言和本民族传统习俗，切断了民族学生群体对民族语言和乡土文化的传承。

边疆文化生态系统的破坏又导致青少年对自身生活传统的冷漠态度，青少年赖以生存的文化土壤不能带给他们生存的自信，不能给他们的生命以良好的情感呵护，致使青少年不再把目光系于当地。青少年与生养他们的自然生态系统失去了以往的亲近，不再是边疆文化意义上的青少年，他们中的部分人看不起当地与劳动，但又无所适从。

培养城市所需人才成为边疆学校的办学目标，在教育教学内容、教学手段和教学评价等方面均以城市为标准。这一办学理念在一定程度上导致教育教学中人的价值被忽视或被遮蔽，使学生成为一种"单向度的人"。学校教育功能的"离农性"倾向，导致学校场域里民族文化类活动和课程缺乏，学生面临着学业失败、升学无望、就业无门和致富无术的尴尬局面。据一个边疆乡完小校长所述：

> 现在学校里所教授的知识基本都是体现城市价值取向的，反映当地特色的内容几乎没有，这就导致学生学习起来较为吃力，因为这些内容对他们来说非常陌生，这也是少数民族学生缺乏学习动机的一个很重要的原因。很多时候不是这些学生不想好好学习，而是当地学校的生态环境和这些学生所处的文化环境差异太大。这种文化差距使他们越来越趋向城市生活，越来越嫌弃本民族的传统习俗，甚至主动放弃本民族传统习俗。

（三）乡村教师对乡土文化的无视与自弃

在中国古代社会，乡村教师"生于斯，长于斯，与家乡形成了一种深厚的情感联系和情感归附，从内心里生发出一种无法抹去的故土情结"[①]。新中国成立后，民办教师是乡村教师队伍的主体。这些老一辈乡村教师"土生土长于乡村社会，生活方式乡土化，生活习惯农民化，工作方式半教半农，既从事乡村教育工作、又在工作之余务农"[②]。由于从出生到工作一直浸染于乡土文化之中，他们的"根"已经深深地融入乡土文化，在乡土文化中找到了归宿，具有深厚的乡土情感，是乡村教育事业的坚守者、乡村社会的建设者和乡土文化的传承者。

20世纪90年代以后，国家在通过清退、转正等方式规范乡村教师队伍建设的同时，也通过公开招聘、特岗计划、定向培养、支教等多种举措补充乡村教师。这类新生代乡村教师与"生于斯，长于斯"的老一辈教师不同，他们由于对乡土文化的感知与体认不足，在对待乡土文化上呈漠视的态度。首先，无视乡土文化。新生代乡村教师的来源主要有两种：一是源于城市。在"凡进必考"政策的压力下为谋求稳定的教师工作而不得不到乡村任教，他们本就缺乏乡土文化知识，到乡村从教后活动范围仅限于学校，对乡土文化认知不足、

---

① 吉标，刘擎擎.乡村教师乡贤形象的式微与重塑［J］.当代教育科学，2018（5）：47-50+56.

② 李森，崔友兴.新型城镇化进程中乡村教师专业发展现状调查研究——基于对川、滇、黔、渝四省市的实证分析［J］.教育研究，2015（7）：98-107.

体验表层化。二是生于乡村。这个群体由于在城市指向的教育体系中求学与择业，他们的根虽曾在乡村，但精神上已深深打上城市文化的印记，自身乡村教师的职业选择亦带有极端的无奈色彩。此时，美好而丰富的乡土生活记忆被压制，隐于其中的乡土文化被有意或无意地排斥，沦为空洞或可有可无的存在。其次，蔑视乡土文化。新生代乡村教师往往站在"城市文化中心"的立场看待乡土文化。此时，敦厚的民风、亲近自然的生活方式、承载人类生存智慧的文化元素被赋予了特定的"土腥味"而认为是粗俗、愚昧的，如极具生活气息与情调的乡音与词汇被认为是粗野的话语，原生态的地方小调被当成不能登教育之堂的东西等。最后，回避乡土文化。乡村教师的工作场域在乡村，其职场的方方面面与"乡村"存在着千丝万缕的情感联系，但是，他们却往往将自身工作的场域以所谓的"知识孤岛"自居，自视为"知识人"，这使得他们圈闭于所谓高雅的"知识殿堂"，回避丰富多彩的"地方性知识"，在"城市宏大叙事式教育"格局中行使自身的教育职责。

三、西南边疆民族地区乡村教师乡土文化自信缺失的根源探析

乡村教师乡土文化自信缺失的问题十分严峻，其根源内隐而复杂，本文旨在从城乡文明此涨彼消的关系走势及由此导致的乡村教育异化等角度进行相应分析。

（一）现代化对西南边疆民族地区边民社会生活的冲击

在城市的发展进程中，产生了与之相适应的城市文化形态。伴随工业化、现代化的长足发展，城市文化逐步成为占据主导地位的主流文化形态。城市文化汇聚成独特的城市精神品质、性格和风貌，对人类经济发展、社会管理、日常生活等都产生了广泛而深远的影响，已经根植于人类的意识深处和日常生活之中。乡村教师或生长于城市，或是在城市教育中完成锻造，他们长期浸润于城市文化之中，思维方式和生活习惯已经悄然打上了城市文化的深刻烙印。即便是生于乡、长于乡的乡村教师，其城市学习生活经历虽然相对有限，但在城乡一体化进程中，城市文化早已超越了城市的地域范围，在本质上削蚀着乡土文化，并在他们身上打下深刻的城市印记，主导着他们的精神指向。

城市文化对乡村教师而言是一把"双刃剑"。孕育生长于现代城市的现代文化具有现代、自由、开放、包容、创新的文化元素，这些文化元素反映到教育理念上就表现为开放性、多样化、创新性等理念，为乡村教师带来了先进的教育观念，也传播了现代化的知识和教育方法。但与此同时，城市文化中消极的文化元素却亦隐于其中并呈繁茂之势。城市文化以强势的文化力量解构了乡土文化的价值，冲击着乡村教师的精神世界，削弱了乡村教师乡土文化自信的基础。

（二）西南边疆民族地区学校教育应对乡土文化传承的乏力

既有的文化已经退却，优秀的文化难以进入，这必然导致乡村社会整体文化的虚空。乡村社会文化的坚守之地就只剩下乡村学校了。问题在于，在这种背景下，乡村学校如何成为乡村社会的文化绿洲？乡村学校本身难免需要承受时下乡村文化生态的冲击，加上精英文化对乡村社会的缺席造成乡村教师对精英文化接收的可能性狭小；更重要的是乡村少年备受时下主流文化的熏染，这意味着乡村教育的人文生态实际处于"内忧外患"的不利处境，一方面自身没有了必要的文化底气来提升自我文化自信，另一方面乡村人文在整个现代化的价值序列中失去了应有的关照，而成为落后的他者。

（三）乡村教师对乡土文化认知的主体性模糊

乡村教育导向引导着乡村教育的方向与实践，具有教育引导与定向的作用。具体言之即通过教育目标、教育价值定位，尤其是教育实践，引导乡村教师的教学和乡村学生的身心发展。陶行知在《中国乡村教师之根本改造》的开篇就明确指出："中国乡村教育走错了路！他教人离开乡下往城里跑。"[①] 城市导向型的乡村教育根源于城乡二元结构体制，在二元户籍制度下，农业人口与非农业人口的区分已经远远溢出生活地域的差别而拓展为不同身份地位、不同权利、不同资源占有的差别。当前，人们的城乡身份日渐弥合，但是两者之间仍存在根本鸿沟。在身份背后资源与效益的驱动下，从农业人口转变为城市人口成为我国社会流动的主要方向，而教育则是实现这一流动的主要通道，乡

---

① 徐莹晖，徐志辉. 陶行知论乡村教育［M］. 成都：四川教育出版社，2010：9.

村教育无疑承担了重要任务。城市导向型的乡村教育着眼于培养能够走出乡村的现代化人才，反映在教育实践上就是对城市教育的复制。于是，乡村教育是脱离乡村实际的教育，是与乡土文化关涉不大甚至毫无关联的教育。乡村教师作为乡村教育的承担者、实践者，无论是在教育目标的设定、教育内容的选择，还是在具体教育方式的运用上都难以摆脱城市化指向。长此以往，乡村学校俨然成了传统乡村文化场域中的"现代文明"孤岛。乡村教师的社会责任担当则被囿于学校场域之中，一道无形的高墙把他们与乡村这一场域分离开来，消解了其乡土文化自信的认知基础、情感体验与生成动力。

四、提升西南边疆民族地区乡村教师乡土文化自信的策略探索

乡村教师的乡土文化自信提升取决于内外两大因素，乡土文化活力的激活与乡村教育追求和实践的根本性调整是外在条件，乡村教师乡土文化主体性的发挥则是其乡土文化自信提升的内在支持。

（一）基于乡土文化自信提升的西南边疆民族地区社会教育场域重构

首先，促成乡村经济与乡土文化发展的"双赢"。经济基础决定上层建筑，上层建筑对经济基础的发展有重要的反作用。乡村经济是乡土文化发展的支撑，只有建立在代表新兴生产力基础之上的乡土文化才具有可持续发展的动力，乡土文化又能反哺乡村经济，为乡村经济的发展提供文化资本与精神动力。一方面，夯实乡村的经济基础。在构建现代农村产业、生产和经营体系的同时，基于乡村特色，延长农业产业链、提升其价值链，发挥乡村绿水青山的经济效益，如大力发展乡村旅游等。另一方面，开发乡土文化的经济价值。具体言之，即大力发展乡村文化产业，通过乡土文化产品、乡土文化景观、乡土文化活动等创造经济效益，同时促进文化自身的繁荣与发展。

其次，处理好传统与现代的关系，助推乡土文化的现代转型。文化具有开放性和发展性特质，乡土文化也不例外。现代化对乡土文化的冲击并不完全是负面效应，它为乡土文化的变革和发展提供了诸多可能与推动力。这种变革不是对乡土文化的全盘否定，而是基于传统的现代性转型——在保存乡土文化优秀文化基因的同时，吸收现代化的积极要素，对传统文化特质赋予现代化的意

义，使其更加适合现代人的文化需要。乡土文化是农耕智慧的历史积淀，流淌着乡土中国的精神血脉，既需要传承发扬，也需要推陈出新。因而，要加强对乡土文化中优秀文化基因的深入挖掘，如人与自然和谐的生态观、守望相助的邻里观念、血脉相连的家族意识，并使之与现代文化相适应，助推乡土文化的创造性转换与创新性发展，激发其活力，彰显其价值。

（二）回归西南边疆民族地区乡村教育的本真功能

反观当前乡村教育实际，乡村教育作为城市教育的复制品而存在。对城市教育机械的复制，是乡村教育坚守城市化教育导向的结果，这种复制因脱离了乡村教育的文化土壤，丧失了乡村教育的优势与特色，其后果是导致乡村教育本真功能的异化。从育人功能看，在城市教育导向下，乡村教育"以城市为中心，为城市培养高级技术人才，培养离开农村、农业和农民进入城市主流文化而不是回归乡土文化的人才"①。从社会功能看，由于乡村教师培养的人才最后流向城市，而不是扎根乡村、服务乡村、建设乡村的本土人才，乡村教育对乡村社会发展的作用不断弱化。就乡村教师而言，乡村教育本真功能的异化使其无暇亦无心关注乡土文化，其乡土文化自信更难以提及。乡村教育本真功能的复归是提升乡村教师乡土文化自信的关键。

首先，扭转乡村教育的城市导向。扭转乡村教育的城市导向是乡村教育改革的系统性工程。在教育体制上，要打破城乡教育的二元结构，改革城乡二元的教育管理制度、教育投入制度、人事制度以及教质量保障制度，建立严格的教育行政问责制度（王坤庆，2002）。其中最为关键的突破口在于改变"唯书、唯上、唯现代"的教育评价，依据乡村振兴的需要与乡村教育实际设立教育指标评价体系与评价方式。其次，树立"守土"的教育理念。唯有"守土"理念导向下的乡村教育才能真正培养出扎根乡村、服务乡村、奉献乡村的人才。这里的"守土"并不是指传统意义上物理空间的"守土"，而是文化意义上的"坚守"。尤其在社会流动日益加强、城乡融合日益紧密的今天，乡村教育的"守土"观念的实质在于切实依托"乡土文化"的魅力展开教育实践，

---

① 张济洲. "离农"？"为农"？——农村教育发展中的悖论［J］. 当代教育科学，2005（19）：36－38.

如学校教育场域向乡土社会场域的延伸、依托乡土文化中的"地方性知识"进行课程开发等。

(三) 激活乡村教师乡土文化主体的文化自觉

主体性是"人作为社会实践活动主体的质的规定性，是人在与客体相互作用中不断得到发展的自觉能动性和创造性的特征"[①]。唯物辩证法认为，事物的发展是内外因共同作用的结果，外因是事物变化发展的条件，内因是事物变化发展的根据，外因通过内因起作用。在乡村教师乡土文化自信的生成过程中，激活其乡村文化的主体意识，至为关键。

首先，完善乡村教师乡土文化自信的外部支持条件。"人的主体性无论如何强大，都离不开它的'本'即人之机体和'社会有机体'，离开这个物质性依托，人之存在的主体性就无处着落。"[②] 可见，来自社会外部的支持是主体性发挥的重要物质依托。为此，需要构建并完善包括物质支持、环境支持、心理支持等在内的外部支持条件。如乡土文化中"尊师重道"观念的强化、寓乡土文化之中"地方性知识"的价值揭示、乡村伦理向教育伦理的渗透等都可为提升乡村教师乡土文化自信提供支持。其次，提升乡村教师利用"乡土文化"的素养。第一，把握乡村教师教育、入职培训、职后培训等多个环节，通过课堂讲授、实践感知、文化体验等多种途径引导乡村教师深入理解乡土文化，在体认乡土文化魅力的过程中激发其乡土文化的主体意识。第二，将乡土文化运用于教育实践。乡土文化是一个巨大的文化资源库，可机智灵活地运用于教育实践之中。以培养学生的爱国情感为例，依托乡土文化的美好如自然生态的美、人文艺术的美等激发学生对"乡土"的热爱，进而形成对中国共产党与中华民族的热爱，最后升华出对人类的大爱。这样的教育是有根的教育、有活力的教育。这种"根"与"活力"寓于乡土文化之中。教育实践中对乡土文化吸收、采撷与运用则会使这种"根"与"活力"焕发出生机，教师的乡土文化主体意识得以萌发与生长。最后，提升乡村教师的人生境界。人生境

---

① 王坤庆. 精神与教育——一种教育哲学视角的当代教育反思与建构 [M]. 上海：上海教育出版社，2002：195.

② 李为善，刘奔. 主体性和哲学基本问题 [M]. 北京：中央文献出版社，2002：60.

界是人生达到的程度或呈现的状态，是一种摆脱物质束缚与精神枷锁向自由、理想趋近的状态，是人生的最高追求，如庄子归纳的"至人无己，神人无功，圣人无名"的人生三重境界。对于乡村教师来说，高尚的人生境界主要体现为不为物累名累己累，全身心投入乡村教育事业，扎根乡村、服务乡村、奉献乡村，在乡村教育中实现人生价值和对幸福的追求。这种崇高的人生境界是乡村教师提升其乡土文化自信的桥梁。

五、结语

乡村教师乡土文化自信危机是必须正视的客观现实，提升乡村教师的乡土文化自信，究其根本不在于口号式的鼓动如提升乡村教师社会地位等，亦不在于枝节性的点滴改革，如些许提升其工资等，更不在于对乡村教师精神世界的道德绑架如安贫乐道等。提升乡村教师乡土文化自信是重塑乡村教师精神世界的复杂工程，这触及乡村社会与乡村教育场域显示出勃勃生机。如此，乡村才会成为乡村教师得以扎根的沃土，乡村教师的文化自信才会落到实处。

参 考 文 献

[1] 中共中央 国务院关于实施乡村振兴战略的意见 [N]. 人民日报，2018 - 02 - 05（001）.

[2] 费孝通. 费孝通九十新语 [M]. 重庆：重庆出版社，2005.

[3] 王铭铭，杨清媚. 费孝通与《乡土中国》[J]. 中南民族大学学报（人文社会科学版），2010（4）：1 - 6.

[4] 费孝通. 乡土中国 [M]. 北京：人民出版社，2008.

[5] 李小敏. 村落知识资源与文化空间——永宁拖支村的田野研究 [C]//丁钢主编.《中国教育：研究与评论》第五辑 [M]. 北京：教育科学出版社2003，39.

[6] 吉标，刘擎擎. 乡村教师乡贤形象的式微与重塑 [J]. 当代教育科学，2018（5）：47 - 50 + 56.

[7] 李森，崔友兴. 新型城镇化进程中乡村教师专业发展现状调查研

究——基于对川、滇、黔、渝四省市的实证分析 [J]. 教育研究，2015（7）：98－107.

[8] 徐莹晖，徐志辉. 陶行知论乡村教育 [M]. 成都：四川教育出版社，2010.

[9] 张济洲. "离农"? "为农"? ——农村教育发展中的悖论 [J]. 当代教育科学，2005（19）：36－38.

[10] 褚宏启. 城乡教育一体化：体系重构与制度创新——中国教育二元结构及其破解 [J]. 教育研究，2009（11）：3－10＋26.

[11] 王坤庆. 精神与教育——一种教育哲学视角的当代教育反思与建构 [M]. 上海：上海教育出版社，2002.

[12] 李为善，刘奔. 主体性和哲学基本问题 [M]. 北京：中央文献出版社，2002.

教师多元文化素养提升的路径思考[*]

方　政[**]

摘　要：文化多元的时代背景要求教师必须具备多元文化素养。在我国，民族文化本身即是多元的，因此我国多元文化教育主要发生在少数民族地区。而在少数民族地区发展教育，需要思考和解决的是如何平衡国家对教育的统一要求和少数民族地区独特的教育需求之间的矛盾。通过考察我国少数民族地区教师的多元文化教育教学能力现状，发现存在宗教活动与学校教育活动的冲突无力解决、科学知识与宗教信仰的矛盾悬而未决、民族语言与普通话的掌握顾此失彼等问题。究其原因，主要是缺少多元文化意识。为此，提出教师多元文化素养提升的路径为：转变传统教育观念，具备多元文化意识；在教师教育中渗透多元文化知识；利用民族地区的特色文化，唤醒教师的文化敏感性；注重多元文化教师培养者的教育。

关键词：多元文化素养；多元文化教育；少数民族地区；多元文化意识

现代化浪潮的推进，缩小了国与国之间的距离，使世界成为名副其实的"地球村"。世界各国、各民族之间的交往越来越密切，生存和发展的需要使得不同国家、不同民族、不同文化之间的交流日渐频繁。教育具有传承、选择和创造文化的功能，多元文化的时代背景给教育带来了巨大的影响和挑战：在

---

　*　本文系教育部人文社会科学重点研究基地重大项目"'互联网＋'时代民族地区特色教育理论与实践模式研究"（18JJD880007）的阶段性成果。

　**　方政，西南大学教育学部硕士研究生，研究方向：教育管理。

多元文化世界和多元文化的国家中，在各文化群体的相互交往和融合的过程中，文化适应问题成了突出的问题，其中，主流文化背景下的少数民族或弱势群体的文化适应和认同问题尤为突出。在多元文化时代，教育如何应对各种文化的冲击，教师如何适应不同民族、性别、阶级、文化、语言等差异的文化环境，成为当前教育首先要解决的问题之一。

多元文化教育兴起于 20 世纪五六十年代，发展至今，已成为全球化的教育理念。在多元文化时代，多元文化教育必不可少，培养具备多元文化素养的教师就显得十分必要。

一、我国教师多元文化教育教学能力现状

我国是一个多民族国家，每个民族都有其特定的民族文化背景和文化传统。民族文化本身即是多元的。我国少数民族的文化，是少数民族在与汉族长期的互动过程中，不断进行文化交流和整合，吸收借鉴汉族及其他民族的文化，一方面形成了共同的民族文化认同，另一方面又通过自身的教育方式（哪怕是简单的口耳相传），将本民族文化传承下来（王艳玲、苟顺明，2013）。我国的多元文化教育主要发生在少数民族地区。民族地区，尤其是少数民族杂居区的教育，一直是我国教育的短板。国家高度重视少数民族地区教育的发展。增加教育经费投入、改善教学环境和硬件设施，办学条件得到了很大改善。然而，师资力量短缺和师资质量问题始终没有得到解决，造成民族地区教育质量低，辍学率居高不下。

走访我国西南地区少数民族的中小学，发现其师资队伍不仅存在学科师资配备不均衡、教师老龄化现象严重、教育观念和教学方法落后等与普通农村中小学相同的问题，更存在因教师严重缺少多元文化素养，而导致学生辍学等问题。

二、我国教师多元文化素养提升困境原因分析

20 世纪 80 年代，多元文化教育进入我国。三十多年过去了，在我国仍然发展缓慢。我国很多学者、研究者针对少数民族地区教师的跨文化适应能力进

行了研究，发现研究对象普遍存在语言、人际交往、社会风俗习惯不适应等困难。究其原因，是缺乏多元文化意识。

（一）多元文化意识缺失

义务教育均衡发展、让所有孩子享受公平而有质量的教育，是当前教育发展的两个重要基点。而我国教育发展的短板一直在偏远农村地区和少数民族地区。随着国家对教育投入的增加，民族地区办学条件得到了改善，但师资队伍的质量仍未得到提高。均衡的师资是教育均衡发展和教育质量提高的重要保障。学校领导缺乏教师多元文化意识，民族地区学校在引进师资方面，只注重教师的专业素养，急切需要他们提高教学质量，却不注重他们是否具备在民族地区任教的能力；教育行政部门为了教育政绩，只注重抓学生的学习成绩，而不顾外聘教师是否具备多元文化适应能力和教育教学能力；外聘教师自身因繁重的教学任务和压力，更是忽视了多元文化意识在民族地区的重要性。缺乏多元文化素养的教师无法适应民族地区的文化，不仅没有提高民族地区的教学质量，更导致师资的二次流失。

（二）高校尤其是民族地区师范院校缺乏多元文化课程

我国教师主要是由师范院校以及高校的教育学院培养的。目前的师范教育体系中，几乎很少涉及教师多元文化素质的课程，更多的是注重教师教学能力和研究能力的培养，可以说教师培养的理念具有明显的城市化倾向，很难适应民族地区学校教育工作的需求（谢晓文，2012）。而在民族地区的高校，如阿坝师范学院、西昌学院、西昌师范学院等，有专门为民族地区培养教师的专业。查看这些专业的课程表，可以看到他们的课程与普通师范院校的课程无异，仅有教师专业技能，如小学数学/语文课程与教学论、英语课、儿童发展心理学、小学生心理辅导等课程，很少有涉及多元文化相关的课程。师范院校尤其是少数民族地区的高校作为教师培养的重要基地，缺少多元文化课程，培养的教师自然就不具备多元文化教学的能力。

（三）学校缺乏积极沟通交流的多元文化氛围

有学者指出，多元文化教育是注重学校整体改革的教育，因此，多元文化的校园特色既应该包括公平正义的环境、民主开放的气氛，更应该具备正能量的学校文化。学校不仅是学生学业水平和教师专业水平提升的场所，也是师生相互交流的首要场所。而在我国，师生之间的交流主要是课堂提问。在学校里，不仅教师与学生之间缺乏必要的沟通，就连教师团队之间都缺少必要的交流和合作，多为自己独立完成教学任务（谭光鼎等，2012）。缺少良好的多元文化交流的氛围，即使原本具备多元文化素养的教师，没有机会进行多元文化的继续学习，导致原本具有的素养也被逐渐淡忘。

（四）教师自身的民族文化背景和心理局限

不同的文化人群具有自身独特的情感交流、社会交往、日常生活方式，彼此之间在行为规范、生活方式、风俗习惯和价值信仰、思想观念、意识形态等方面必将有所不同甚至极为不同（蔡火林，2015）。从小生活在少数民族地区特别是多民族杂居区的教师，甚至不能理解同地区其他民族的文化，何况外来教师。巨大的文化差异导致他们对生活方式的变化消极适应，拒绝沟通，更谈不上发展自身的多元文化素养。

三、教师多元文化素养的提升路径

在多元文化时代，如何培养多元文化社会所需要的具备多元文化素质的公民，成为当前首先要解决的问题。而这一重任自然就落到了教师身上。在民族地区，学校教育多元文化并存不可避免，教师在学校多元文化教育过程中起重要作用。教师要在多元文化社会中肩负重任，首先需要提升自身的多元文化素养。

（一）转变传统教育观念，具备多元文化意识

传统教育观念只重视学生的学业成绩和学校的升学率，这在多元文化时代显然是行不通的。不同国家、不同民族之间的交流越来越频繁，学生需要的不仅是"应试"的知识，更需要掌握各个国家、各个民族的文化，具备在多元文化社会中生存和发展的能力。这些能力的培养离不开教师，但教师本身要具备多元文化的教育教学能力。因此，教育行政部门、学校特别是师范院校的领

导以及教师个人都要有多元文化意识。教育行政部门制定相关决定，学校领导提供多元文化的环境，教师个人要抓住机会，充分利用资源提升自身的多元文化知识、情感和技能，不仅要具备多元文化环境的适应能力，更要具有超高的多元文化教学技能。

（二）在教师教育中渗透多元文化知识

从目前我国高校师范生的课程表可以看出，无论是课程设置还是课程实施，很少或几乎没有多元文化的相关课程，仅仅关注师范生的学科知识与技能的培养。不注重教师作为一个专业发展个体的成长，只注重一般性的教育教学理论的教育，更多的是"知识人"而不是"文化人"的成长（程东亚、卢玲，2015）。这样培养的未来教师不但不具备多元文化知识，更没有多元文化意识。在处理不同民族学生在生活、学习等方面的事务时，往往会出现各种问题。

师范院校，尤其是少数民族地区的高校，适当调整师范生的课程结构，加入多元文化的相关知识，使得教师在职前培养阶段就接触相关的跨文化知识理论和教育教学技能；随后在教师的职后培训和校本培训中，根据当地的民族特色等因地制宜设置相关课程，让新入职教师进一步了解民族地区的传统文化，深化教师的多元文化知识、技能和态度，让教师的多元文化素养逐步得到提高。以此形成教师职前培养和职后培训一体化体系。

（三）利用民族地区的特色文化，唤醒教师的文化敏感性

文化敏感性是一种能力，是能够帮助个人以积极的态度感知和应答文化的能力，有助于教师的多元文化素养的培养。多元文化背景下的教师，需要具有高度的文化敏感性。詹姆斯·林奇认为，"处于多元文化教育情境中的教师，应该对多元文化有较深层次的认识，秉持教育机会均等的理念，保持文化的敏感性，以积极、正面的态度接纳和欣赏不同文化背景的学生，主动抵制文化的偏见与歧视，并坚持终身学习理念。"[①] 教师在学校中并不是一个孤立的个体，而应是融入校园生活中的群体。在少数民族地区，尤其是民族杂居区，有着不同民族的特色文化，这为教师的多元文化素养培养提供了宝贵的文化资源。充

---

① ［英］林奇（Lynch，J）著，黄政杰译. 多元文化课程［M］. 台北：师大书苑，1997：32.

分利用民族地区的特色文化，并灵活运用到教育教学实践中，不仅有利于激发教师的文化敏感性，提升教师的多元文化素养，也有利于师生之间、教师之间的沟通交流。

（四）注重多元文化教师培养者的教育

我国师范院校承担主要的教师培训工作。但在多元文化教师培养方面，实际上可以进行的院校少之又少。因此，高校应重视对教师文化适应问题的研究，因地制宜地制定相关的多元文化教师培养方案，并进行多元文化教师训练，为师范院校培养更多的多元文化教师培养者，弥补当前我国师范院校缺乏多元文化教师教育相关课程的缺口。此外，随着我国多元文化教育研究的进一步发展，在一些民族地区已经出现了教师培训机构。这些教师培训机构也应该调整培训内容，考察当地的民族文化情况以及教师在文化适应方面存在的困难，有针对性地进行相关培训，以此提高本地区教师的多元文化素养。

国外多元文化教育早于我国，已经形成了包括多元文化教师培养目标、培养方案、课程、评价方式在内的较为完备的多元文化教师教育体系。美国教师教育资格认证委员会（NCATE）也规定了多元文化教师的六条认定标准，包括教师应具备多元文化知识、技能和态度，以及教学实践能力等（臧琰琰，2009）。而在我国，却没有专门的与多元文化教师教育培养相关的规定。

多元文化时代潮流不可逆转，具备多元文化社会生存和发展能力的人才才能适应不断发展的多元文化社会。因此，作为未来人才培养者的教师，必须首先具备多元文化的知识、技能和态度，才能培养出多元文化人才。借鉴国外多元文化教师教育的相关经验，并对其经验进行中国化改造，使之更适合中华民族多元一体的国情。

参 考 文 献

[1] 王艳玲，苟顺明. 多元文化背景下的教师能力——以中国西南少数民族地区为例 [M]. 北京：人民出版社，2013.

[2] 谢晓文. 民族地区基础教育师资配置民族化问题研究 [D]. 重庆：西南大学，2012：12.

[3] 谭光鼎, 刘美慧, 游美惠. 多元文化教育 [M]. 台北: 高等教育文化事业有限公司, 2012.

[4] 蔡火林. 甘孜藏区外来教师文化适应问题研究 [D]. 重庆: 西南大学, 2015: 1.

[5] 程东亚, 卢玲. 民族地区汉族教师的跨文化适应个案研究 [J]. 天津市教科院学报, 2015 (6): 54 – 57.

[6] [英] 林奇 (Lynch, J) 著, 黄政杰译. 多元文化课程 [M]. 台北: 师大书苑, 1997.

[7] 臧琰琰. 美国多元文化教师教育研究 [D]. 济南: 山东师范大学, 2009.